ÉDITORIAL

Une économie à visage humain, des institutions le cœur sur la main. Tandis que les sociétés se morcellent sous le poids des inégalités, que l'âpreté de millions d'existences se fait criante, des acteurs vont au-devant des plus désespérés.

Il y a les pionniers, ces associations qui depuis des décennies ouvrent les bras à ceux, fragiles et abîmés, que la croissance et le progrès ont laissés de côté. Pour leur trouver une place, Emmaüs, la grande œuvre de l'abbé Pierre, fait office de soupape. Ni charité ni assistanat, chaque communauté est supposée, en prônant la dignité par le travail, participer d'un vaste projet social.

« Social », le mot a fait son apparition là où on l'attendait moins, à Washington, dans une institution honnie pour ses impitoyables cures d'austérité : le Fonds monétaire international. Ces dernières années, sous le mandat de Christine Lagarde, le temple du néolibéralisme s'est démené pour donner des gages d'empathie et d'humanité.

À des milliers de kilomètres de là, au Niger, la même « humanité » justifie des politiques d'aide au développement censées dissuader les candidats à l'exil. Vu de Paris ou de Bruxelles, il suffit, pour sauver des vies, de délocaliser le tri entre « réfugiés » et « migrants économiques » aux portes du Sahel.

Exil, misère, exclusion... pour tous ces maux, les mêmes remèdes : de belles valeurs brandies comme des totems. Et si celles-ci permettaient de ne jamais s'attaquer aux racines du problème ? Gratter cette couche de vernis, faire voler en éclats les artifices de la bonne conscience est une nécessité, celle, dérangeante mais salutaire, de la lucidité.

SOMMAIRE

Levée de boucliers et points de discorde

En utilisant l'écriture inclusive dans votre reportage sur les musicien·ne·s classiques dans le numéro #24, vous contribuez à normaliser cette pratique. J'enseigne l'informatique, il me semble essentiel de faire comprendre que les filles y sont bienvenues, une langue inclusive est adaptée pour ça ; et plus elle est employée moins je dois passer de temps à me justifier de l'employer ! **Émeric**

Enfin ! *La Revue Dessinée* se met à l'écriture inclusive. On s'en réjouit ! D'autant qu'on se souvient qu'à ses premiers numéros le sexisme porté dans certains reportages blessait et désolait. Comme il est heureux de voir une revue qu'on aime autant savoir bouger et évoluer. Bravo et merci. **Julie**

Non, l'écriture inclusive n'est vraiment pas une bonne idée : d'abord, ça rend absolument illisibles les textes, ensuite je ne vois pas en quoi ça peut faire évoluer les rapports hommes-femmes. Enfin, au cas où (les féministes nous en préservent !) vous continueriez dans cette voie, je pense que je ne renouvellerais pas mon abonnement. **Jean-Baptiste**

Cette écriture est désagréable en général, mais carrément inappropriée dans des bulles, car elle n'est pas le reflet de la langue parlée, les personnages perdent leur caractère vivant. Sur le plan de l'égalité : si le genre grammatical était crucial pour les mentalités, les pays anglophones seraient dépourvus de sexisme, car la langue est plus neutre. L'essentiel du combat se situe dans l'éducation de nos enfants des deux sexes, ça prendra un peu de temps... **Claire**

Je ne suis pas favorable à l'emploi systématique du point médian, qui alourdit et ralentit considérablement la lecture. Mais je trouve intéressant de faire (ré)apparaître dans notre langage la présence des deux genres. Cela peut passer par l'usage de mots épicènes (artistes plutôt que musiciens) et par l'enrichissement du vocabulaire. Une fois cet aménagement accompli, le point médian n'apparaîtrait plus que comme un échafaudage à démonter. **Grégoire**

J'avais de sérieux doutes sur la lisibilité des pages inclusives. Lorsque le magazine *Causette* a sauté le pas, je n'ai eu aucun mal à lire et j'ai ressenti une extraordinaire impression d'inclusion. Lorsque l'on visualise ce qu'on lit, on imagine des femmes et des hommes, des ouvriers et des ouvrières en manifestation. Cela demande un travail pour ne pas alourdir la lecture, mais la récompense pour vos lecteur·rices sera inestimable. Inclusivement vôtre. **Caroline**

DESSINS : AURORE PETIT

« Ce débat, nous voulons l'avoir avec vous », écrivions-nous dans notre dernier numéro. La grenade était dégoupillée ! Dans les jours qui ont suivi la parution, la rédaction a été bombardée de courriers, si nombreux que nous ne pouvons pas tous les reproduire. Nous tentons donc une synthèse qui, on l'espère, reflète la variété de vos réactions. Parmi les oppositions, souvent farouches, l'argument de la lisibilité arrive en tête. Ainsi, pour Sarah, dont la langue maternelle est l'anglais, *« cette forme d'écriture donne l'impression de lire un livre de grammaire »*. D'autres déplorent *« une revue défigurée »*. Un argument que n'entendent pas les partisans du point médian : *« Se déclarer incapable de lire à cause d'un point et d'un "e" supplémentaire, c'est inquiétant »*, relativise Simon qui estime qu'en matière de lutte pour l'égalité *« il n'y a pas de petits combats »*. *« Mais pas sûr que les femmes qui galèrent dans des emplois précaires en voient la pertinence et l'urgence »*, rétorque Jean-François. Dans l'histoire de *La Revue Dessinée*, jamais un sujet n'a été aussi clivant que ces petits points médians. Ceux-ci n'ont pas vocation à être systématisés, mais nous continuerons à avancer, en prenant soin de n'exclure personne, vers plus d'inclusivité.

Pour nous suivre et nous contacter
contact@larevuedessinee.fr
larevuedessinee.fr

La guerre, un business juteux

J'ai d'autant plus apprécié le reportage sur les ventes d'armes françaises que j'ai passé la majeure partie de ma carrière professionnelle dans une entreprise citée dans le sujet. Cette lecture m'a rappelé une anecdote souvent répétée suite à la guerre du Kippour (1973) : « On a vendu les radars à Israël et les brouilleurs de radars aux Arabes. » C'était vrai. Il faut savoir que les deux matériels étaient élaborés dans le même établissement. Merci et bravo à Anne-Sophie Simpere et Vincent Sorel pour leur travail, parce que le sujet n'est pas évident, et j'en parle en connaissance de cause… Patrick

Cher Patrick, cette enquête publiée dans le numéro #23 a pris une autre ampleur après les révélations du collectif d'investigation Disclose d'un document classé « confidentiel-défense » attestant des ventes d'armes par la France à l'Arabie saoudite. Les convocations dont ont fait l'objet ces journalistes témoignent des menaces pesant sur la liberté de la presse. En guise de soutien et de mise au point, notre chronique *Au nom de la loi* (page 84) propose un rappel historique.

Hors-série saignant

Récits, photographies, bandes dessinées… En s'appuyant sur les meilleurs articles publiés dans les revues *XXI, 6Mois, TOPO* et *La Revue Dessinée*, nous créons un hors-série hybride. *A4* explore toutes les facettes d'un sujet de société. Au menu du premier numéro : la viande. La dernière heure du steak a-t-elle sonné ? Sans parti pris, *A4* fait la part belle à la polyphonie : les grandes enquêtes et les reportages s'accompagnent d'infographies et de témoignages inédits qui se complètent, s'opposent ou se répondent pour nous donner matière à penser. En librairie le 13 septembre.

AU-DELÀ DE CETTE LIMITE ...

Passez Agadez, remontez au nord et vous y êtes, sur l'invisible frontière de l'Europe, un océan de sable en guise de check-point. À l'arrière des pick-up, des hommes et des femmes tentent coûte que coûte la traversée du désert, la première étape risquée avant la Libye et la Méditerranée. Depuis que l'Union européenne s'est mis en tête de tarir les flux migratoires à la source, le Niger est devenu le point d'accès à la clandestinité. À mesure que les contrôles se renforcent, que les lois se durcissent, les routes se font plus dangereuses. Rien pourtant ne saurait dissuader les êtres humains de se déplacer. TAINA TERVONEN JEFF POURQUIÉ

Frontière de l'Algérie avec le Niger.
C'est dur de marcher dans le désert.

Il faut rester fort, parce que si tu tombes...
... Les autres n'ont pas la force de t'aider, même s'ils le voulaient.
MAROC
ALGÉRIE
LIBYE
Sahara Occidental
MAURITANIE
MALI
Arlit
NIGER
Agadez
SÉNÉGAL
GAMBIE
Niger
Niamey
BURKINA FASO
TCHAD
GUINÉE
SIERRA LEONE
BÉNIN
NIGERIA
LIBERIA
GHANA
TOGO
CÔTE D'IVOIRE
CAMEROUN

* Organisation internationale pour les migrations.

Il a prétexté des frais scolaires, son oncle lui a donné 6 000 dalasis (environ 100 euros).
Ousman s'en est servi pour payer le trajet.
Il est parti avec quatre copains.
Ils ont pris le bus jusqu'à Dakar, au Sénégal.
WE ARE
Puis Bamako, au Mali.
De là, ils ont rejoint Gao, puis Tamanrasset, en Algérie, puis Debdeb, à la frontière entre l'Algérie, la Tunisie et la Libye.
En Libye, les choses se sont compliquées.
Plus d'argent pour payer le passage de la Méditerranée.
J'ai entendu qu'un départ se préparait mais qu'il manquait encore un "compass man".
Celui qui tient la boussole. Les passeurs ne les font pas payer.
Ousman n'avait jamais conduit de bateau de sa vie.

* Environ 915 euros.

C'était vraiment très dur. Je n'avais jamais pensé vivre ça.
Pour les femmes, c'était pire.
Elles étaient violées devant nous, et si on protestait, on nous forçait à les violer à notre tour.
J'ai décidé d'aller voir en Algérie, mais la police m'a arrêté là-bas, avec plein d'autres Noirs.
Ils nous ont conduits à la frontière avec le Niger et nous ont laissés dans le désert.

2015. Alors qu'Ousman quittait la Gambie...
... l'Union européenne faisait face à un afflux de personnes traversant la Méditerranée, vers la Grèce et l'Italie.
Les politiques se sont mis à parler de "crise migratoire", la presse aussi.
Mais de quelle crise s'agissait-il, au fond ?
Du nombre d'arrivées en hausse ou de la cacophonie qui règne alors en Europe sur la façon de gérer la situation ?
Incapable de se mettre d'accord sur l'accueil des arrivants, l'UE décide de repousser ses frontières plus loin.
SAHD. SANI BAH NE VERS 1955 AU SEN EGAL DECEDE LE 28/12/17 A AGADEZ
Elle verse 3 milliards à la Turquie pour qu'elle reprenne les personnes ayant transité par son territoire.
Elle négocie avec plusieurs pays africains et crée le Fonds fiduciaire pour l'Afrique, à La Valette (Malte), en novembre 2015.
Désormais, la frontière de l'Europe est ici. À Agadez.
BOUBA SAGNA GAMBIEN 19ANS DECEDE LE 14/04 2015

FONDS FIDUCIAIRE

← *Utilisons l'aide au développement pour mieux lutter contre l'immigration !* →

En 2018, le Fonds fiduciaire s'élève à

4,5 milliards d'euros*,

... Dont 89 % (4 milliards) proviennent du Fonds européen pour le développement (FED).

Les projets soutenus en 2018 se répartissent ainsi.

2,02 milliards

à la gestion de la migration, ainsi qu'à la gouvernance et à la gestion de conflits.

Il s'agit de fonds destinés directement au contrôle des frontières (systèmes de biométrie, groupes d'action rapide aux frontières, programmes de retour depuis la Libye vers le pays d'origine...)

813 millions

à la création d'emplois. L'idée est simple : si les gens ont du travail dans leur pays, ils ne partiront pas en chercher en Europe.

La réalité est souvent plus complexe.

Ceux qui partent sont à la fois des gens qui galèrent, tout comme des gens formés ayant déjà un travail – donc en mesure d'économiser le prix du voyage – et qui, justement à cause de leur savoir-faire, espèrent mieux gagner leur vie en Europe.

873 millions

pour la "résilience" : santé, éducation, sécurité alimentaire, urgences humanitaires, intégration des réfugiés, etc.

La logique est donc la suivante :

* Sur cette somme, 3,7 milliards ont été alloués.

PLUS DE CONTRÔLE = MOINS D'IMMIGRATION !

Le tout financé par de l'aide au développement.

Avec 247 millions,

le Niger est le plus gros bénéficiaire du Fonds fiduciaire en Afrique de l'Ouest.

La raison est simple : c'est par ce pays que transitent la plupart des personnes qui quittent la région et se dirigent vers l'Europe, par la Libye.

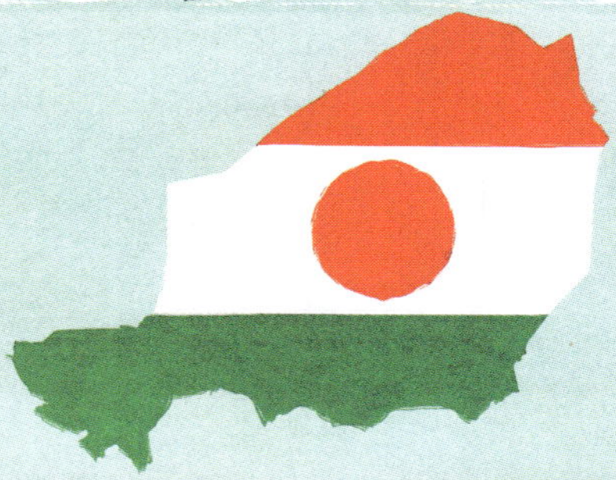

D'ailleurs, 143 millions (58%)

sont alloués directement au contrôle des frontières.

Pour beaucoup, nous sommes les méchants de l'histoire.
Nous n'arrêtons personne...
... Mais nous formons les autorités nigériennes à arrêter les gens.
Kirsi Henriksson est finlandaise et dirige l'opération Eucap Sahel Niger, une opération civile de l'Union européenne.
Dans cette histoire de migration, rien n'est tout noir ou tout blanc !
Créé en 2012 pour lutter contre le terrorisme et la criminalité organisée dans la région, son mandat a été élargi à la lutte contre l'immigration irrégulière en 2016.
C'était juste avant que Kirsi Henriksson prenne ses fonctions au Niger.
C'est une histoire tellement complexe qu'on ne peut pas la résumer en quelques vérités.
Désormais...
... les gendarmes et les policiers européens forment leurs homologues nigériens à des techniques de contrôle et de renseignement visant à intercepter le trafic de drogues et d'armes. Mais aussi ceux d'êtres humains.

Le Niger est classé "Zone à haut risque".
Ça m'agaçe, toutes ces consignes de sécurité.
D'habitude, Kirsi Henriksson roule en 4x4 blindé avec un chauffeur.
Je me sens plus en sécurité à Niamey qu'à Kuopio.
STATION LA C
STATION A C
Dans un mois, la cheffe de mission prendra de nouvelles fonctions dans cette petite ville de l'est de la Finlande, au centre de gestion de crise civile.
ABILLON
CAT
J'ai le blues de partir.

Ici, la frontière n'existe pas, c'est un concept abstrait.
Dans cette région de nomades, tout le monde bouge depuis toujours. Les familles touareg sont éparpillées sur plusieurs États.
On ne peut pas faire du contrôle de frontières ici, c'est ce que je n'arrête pas de répéter à Bruxelles.
Arlit
Agadez
Le contrôle de frontières, ce n'est qu'une mesure cosmétique si on ne s'occupe pas du fond : la croissance démographique galopante...
... Le chômage des jeunes, qui ne voient pas d'avenir dans leur pays...
Changer la donne nécessiterait une vraie volonté politique et des investissements conséquents de la part de l'Europe.
BIENVEN
EAU CHEF AGENC
adidas
Seulement, pour le moment, ce n'est pas le cas. Le Fonds fiduciaire vise essentiellement à produire du contrôle.
Je n'aurais jamais pensé dire ça, mais si rien ne change, tout cela n'est qu'un début.
2016. Pendant qu'Ousman est sur la route vers l'Italie, et pendant que Kirsi s'installe à Niamey...
... le Niger décide de mettre en application une loi votée un an plus tôt, sur le trafic illicite des migrants.

PLAN BAZOUM
EXTRA
Mohamed BAZOUM
Le Niger fait partie de la zone Cédéao (Communauté économique des États d'Afrique de l'Ouest) qui garantit la libre circulation des personnes et des marchandises – comme l'Union européenne. Pour venir de la Gambie au Niger, il suffit donc de voyager avec une pièce d'identité.
AGADEZ
NIAMEY TRANSPORTS EN COMMUN
Ce n'est qu'une fois à Agadez que les choses peuvent se compliquer, depuis le vote en mai 2015 d'une loi nigérienne interdisant le trafic illicite de migrants.
ATTENTION !
« TRANSPORTER ILLÉGALEMENT DES MIGRANTS VOUS EXPOSE À UNE PEINE D'AMENDE DE 1 000 000 À 3 000 000 F CFA »
... Et peut être puni d'une peine de cinq à dix ans* d'emprisonnement !
Depuis l'été 2016 et la mise en œuvre de la loi avec le « plan Bazoum », du nom du ministre de l'Intérieur Mohamed Bazoum, toute personne transportant des étrangers dans le désert, au nord de l'axe Arlit-Dirkou, est considérée comme étant en infraction avec la loi. En gros, pour venir jusqu'à Agadez, il suffit d'un billet de bus ordinaire. Mais à partir de là, il faut payer un passeur qui sera dans l'illégalité.
* Les peines peuvent aller jusqu'à trente ans en cas de cumul de circonstances aggravantes.

Des sandales, une brosse à dents, une Bible...
TOYOTA
Ces reliques de voyages interrompus s'entassent au camp militaire d'Agadez.
C'est là que sont stockés les 107 pick-up Toyota Hilux confisqués aux passeurs.
Un fatras d'habits. Des tablettes de paracétamol, des bidons d'eau, une paire de lunettes. Un bâton.
Celui qu'on plante sur le bord de la benne, et qu'on glisse ensuite entre les jambes qui pendent dans le vide, pour ne pas tomber. Certains tombent quand même, d'épuisement, de soif...
... Ou simplement parce que le bâton casse.

Cette loi, c'est une loi qui nous TUE !!!
On a commencé à prendre nos voitures, nos frères, nos amis, à les jeter en prison ! C'est une loi criminelle !
Un monsieur part de chez lui, avec des papiers, il traverse le Mali, le Burkina sans problème, il arrive à Agadez...
Et ici seulement, la loi nous frappe !
Les cars Rimbo prennent les gens à Niamey, les amènent ici, pas de problème.
Alliance française, Agadez.
Les anciens passeurs sont réunis pour parler des effets de la loi 2015-36, appliquée pendant l'été 2016.
Mais nous, on prend un étranger dans notre véhicule, et direct, la loi nous frappe !

Avant la loi, Issa Ikilila était courtier : il inscrivait les véhicules en partance de la gare routière, enregistrait les voyageurs et les mettait en contact avec un transporteur.
Ibrahim Mamane était coxeur : il mettait les passagers en lien avec un courtier.
Elhadji Mohamane Isso était chef de ligne Agadez–Dirkou. Il s'occupait des formalités avant le départ : feuilles de route, listes de passagers.
Des métiers ordinaires. Tous étaient inscrits à la chambre de commerce et payaient des taxes et des impôts.
Quand ces trois-là ont commencé à travailler, le trajet s'effectuait dans de gros camions transportant 120 personnes à la fois.
À Dirkou, les passagers cherchaient un autre véhicule pour rejoindre la frontière libyenne, à 400 km de là.
Leur destination n'était que rarement l'Europe : la plupart venaient travailler en Libye, demandeuse de main-d'œuvre.
Mais la chute de Kadhafi en 2011 a tout changé.
Libye
Algérie
Madama
Djado
Séguedine
Niger
Dirkou
Bilma
Arlit
Fachi
Agadez
Sans gouvernement central capable de surveiller le territoire, la route vers l'Europe s'est ouverte par la Libye, plongée dans le chaos.
En même temps, d'autres routes, celles passant par le Mali et la Mauritanie vers l'Espagne, se sont fermées à cause de la guerre au nord du Mali et de la surveillance accrue espagnole.

Agadez
À Agadez, les voyageurs pour Tripoli se sont multipliés.
Tous avaient à y gagner : transporteurs, restaurateurs, vendeurs de bidons d'eau, agences de transfert d'argent et les propriétaires des "ghettos"*.
Cette manne tombait à pic pour remplacer le tourisme malmené par les années de rébellion touareg et l'insécurité qui en découlait.
Ibrahim Mamane, Issa Ikilila et Elhadji Mohamane Isso se sont mis à très bien gagner leur vie.
VOYAGE EXPRESS
POUR LA LIBYE
C'est là que les pick-up aux plaques libyennes sont arrivés, vers 2014, avec au volant de jeunes chauffeurs toubou** attirés par un business lucratif.
Ils allaient plus vite que les camions, sans escale, jusqu'à Dirkou.
Pauvres de nous !
Mais passez donc !
Pas de problème pour traverser la frontière, contrôlée par les mêmes Toubou.
* Désignent les foyers qui hébergent les voyageurs en transit. ** Peuple nomade qui vit dans le Sahara oriental, entre le Tchad, la Libye et le Niger.

Certains transporteurs ont été pris de court, d'autres se sont adaptés, comme Bashir Amma.
Je travaillais avec dix chauffeurs libyens.
Chacun pouvait charger 25 passagers.
Je trouvais les passagers et je prenais un tiers du prix. Chaque semaine, je remplissais quatre ou cinq voitures.
Une fois payés ses "sous-traitants" –coxeurs, taxis, hébergeurs–, Bashir Amma empochait facilement 3 ou 4 millions de Francs CFA par semaine, c'est-à-dire entre 4 615 et 6 150 euros.
Avec l'argent, Bashir Amma a repris le club de foot de la ville, Nassara AC.
Il recrutait des joueurs aussi parmi ses passagers.
À la fin de la saison, s'ils voulaient continuer la route, il les faisait passer gratuitement.
Mais, un lundi matin, tout s'est arrêté. Le plan Bazoum avait frappé. Les véhicules ont été confisqués, les chauffeurs stoppés net.
Nous, on pensait que ça allait passer...
Mais une semaine après, c'était pareil.
J'ai décidé d'arrêter.

Le manque à gagner pour la ville est colossal.
On estimait l'économie du passage à 65 milliards de CFA par an (100 millions d'euros), avec 6 550 personnes qui en vivaient directement à Agadez.
Un plan d'action de huit millions d'euros, financé par le Fonds fiduciaire, a été adopté pour pallier la situation.
Il comporte une enveloppe de 250 000 euros pour les projets de reconversion des passeurs.
Soit environ 2 300 euros par projet individuel, versés sous forme de matériel fourni.
Une somme dérisoire comparée à ce que certains gagnaient.
D'ailleurs, tous n'ont pas joué le jeu, préférant continuer ce qui désormais est considéré comme du trafic, et non du transport.

Les départs vers la Libye ne se sont pas arrêtés.
Ils se font au petit matin, en cachette, depuis la périphérie de la ville.
En cas de problème, les passeurs n'hésitent pas à abandonner les passagers dans le désert pour prendre la fuite.
En ville, on entend des histoires de voitures ensevelies par le sable découvertes des mois plus tard.
HILUX
Quand le vent fait bouger les dunes.

À Agadez, une petite maison en banco, un des "ghettos" où les voyageurs attendent de pouvoir partir vers la Libye.
Mohamed Coulibaly, 19 ans, est à Agadez depuis neuf mois.
Il a payé les 700 000 francs CFA (environ 1 080 euros) réclamés par le passeur...
... Mais, pour le moment, il n'a jamais pu tenter la traversée du désert.
Pour réunir la somme, il avait économisé sur son salaire de menuisier, son grand frère l'avait aidé.
Il a envie d'autre chose que la vie de galère chez lui, à Yamoussoukro, en Côte d'Ivoire.
Ma destination, c'est l'Europe !
L'Afrique, ça ne peut pas payer !

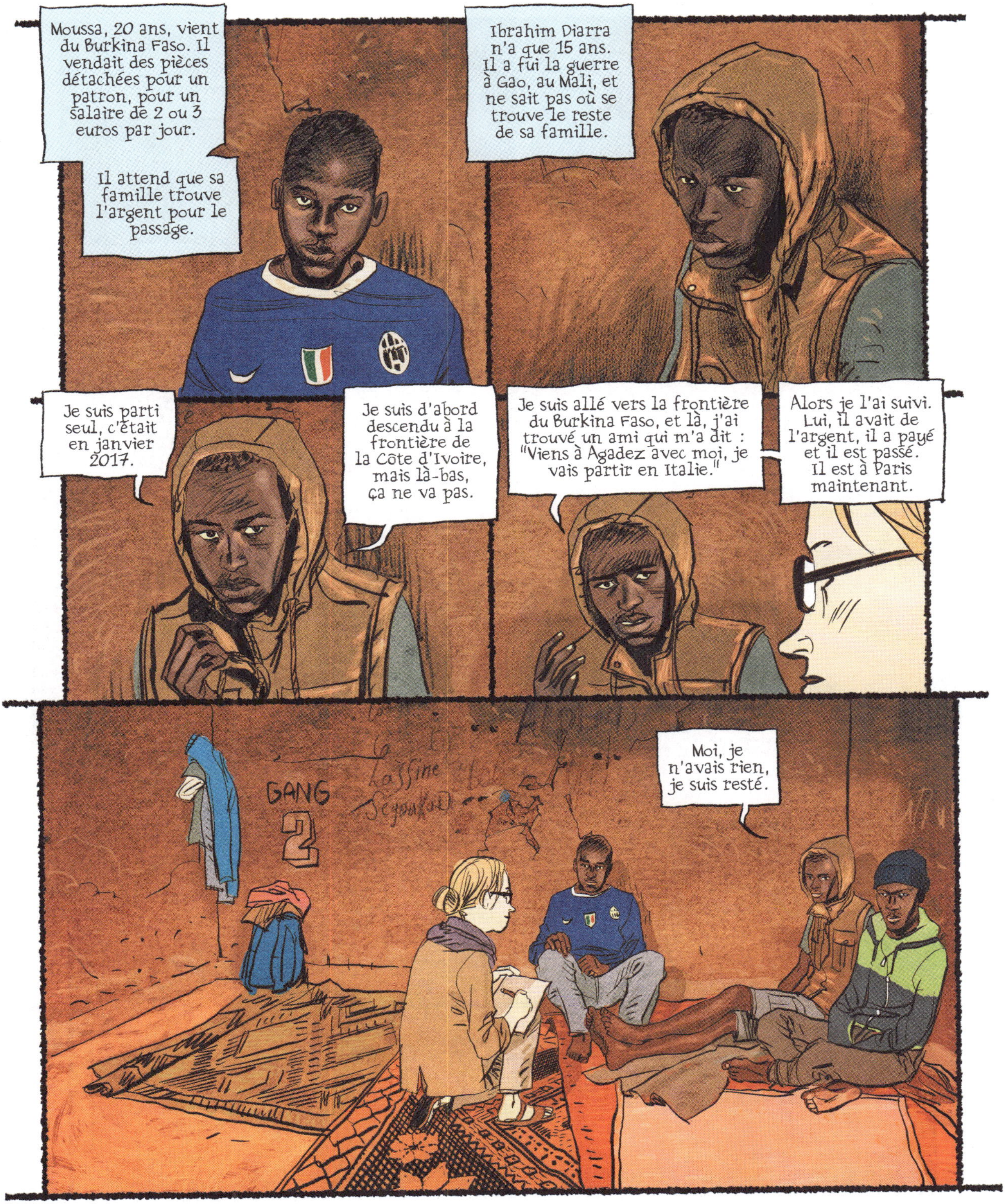
Moussa, 20 ans, vient du Burkina Faso. Il vendait des pièces détachées pour un patron, pour un salaire de 2 ou 3 euros par jour.
Il attend que sa famille trouve l'argent pour le passage.
Ibrahim Diarra n'a que 15 ans. Il a fui la guerre à Gao, au Mali, et ne sait pas où se trouve le reste de sa famille.
Je suis parti seul, c'était en janvier 2017.
Je suis d'abord descendu à la frontière de la Côte d'Ivoire, mais là-bas, ça ne va pas.
Je suis allé vers la frontière du Burkina Faso, et là, j'ai trouvé un ami qui m'a dit : "Viens à Agadez avec moi, je vais partir en Italie."
Alors je l'ai suivi. Lui, il avait de l'argent, il a payé et il est passé. Il est à Paris maintenant.
GANG
2
Moi, je n'avais rien, je suis resté.

C'est dur, je le vois, il y a Paris derrière lui, et moi, je suis ici.
Il essaie de me donner du courage.
Si Dieu me donne la chance, je vais quitter ici, je vais m'en sortir.
Quand on n'a rien à manger, on boit de l'eau.
Parfois, c'est comme ça pendant une semaine.
Quand quelqu'un a un peu d'argent, on achète du pain, on le partage, on mange et on dort. On essaie de dormir beaucoup.
Il y a deux jours, les policiers sont venus chercher les jeunes hommes.
Ils ont passé la nuit au commissariat, avant d'être relâchés.
Ça arrive régulièrement, même si la loi ne criminalise pas les candidats à l'exil mais les considère au contraire comme des victimes.
J'ai entendu les dangers, le désert, l'esclavage en Libye. Ça arrive que j'aie peur...
Mais je ne peux pas retourner chez moi, il y a trop de problèmes.
L'Afrique même, c'est la merde !
Si tu es avec le gouvernement, tu gagnes ! Mais si tu n'es pas avec le gouvernement, tu ne gagnes rien !
Je ne vais pas durer en Europe. Cinq ans, pas plus.
C'est pour avoir de l'argent et revenir. Il y a beaucoup de personnes derrière moi.
Il faut qu'on sorte pour aller voir devant si c'est bien.
Dans leur voix, il y a la conviction inébranlable de tous les ados du monde que les emmerdes et les accidents, ça n'arrive qu'aux autres.
Peu importe les dangers de la route ou de quoi la vie sera faite une fois arrivés. Ils sont certains qu'eux s'en sortiront.

À l'autogare d'Agadez, Issa Ikilila a gardé son ancien bureau de courtier. Il y a installé son association d'appui aux migrants, créée en 2012...
... Quand les concurrents toubou sont arrivés sur le marché du transport vers la Libye.
Nous, on connaît les migrants mieux que tout le monde, on sait ce qu'ils ont dans la tête !
C.I.S
ORIGINAL
Ces ex-passeurs font désormais de la sensibilisation.
Ils ont même tenté d'obtenir un financement européen.
Tu vois tout ce dossier !
Good afternoon.
On m'a dit que quelqu'un parle anglais ici ?
Yes, come in.
Qu'est-ce que tu veux ?
Je veux aller en Libye.
La route est fermée maintenant, c'est très dangereux.
Oui, monsieur.

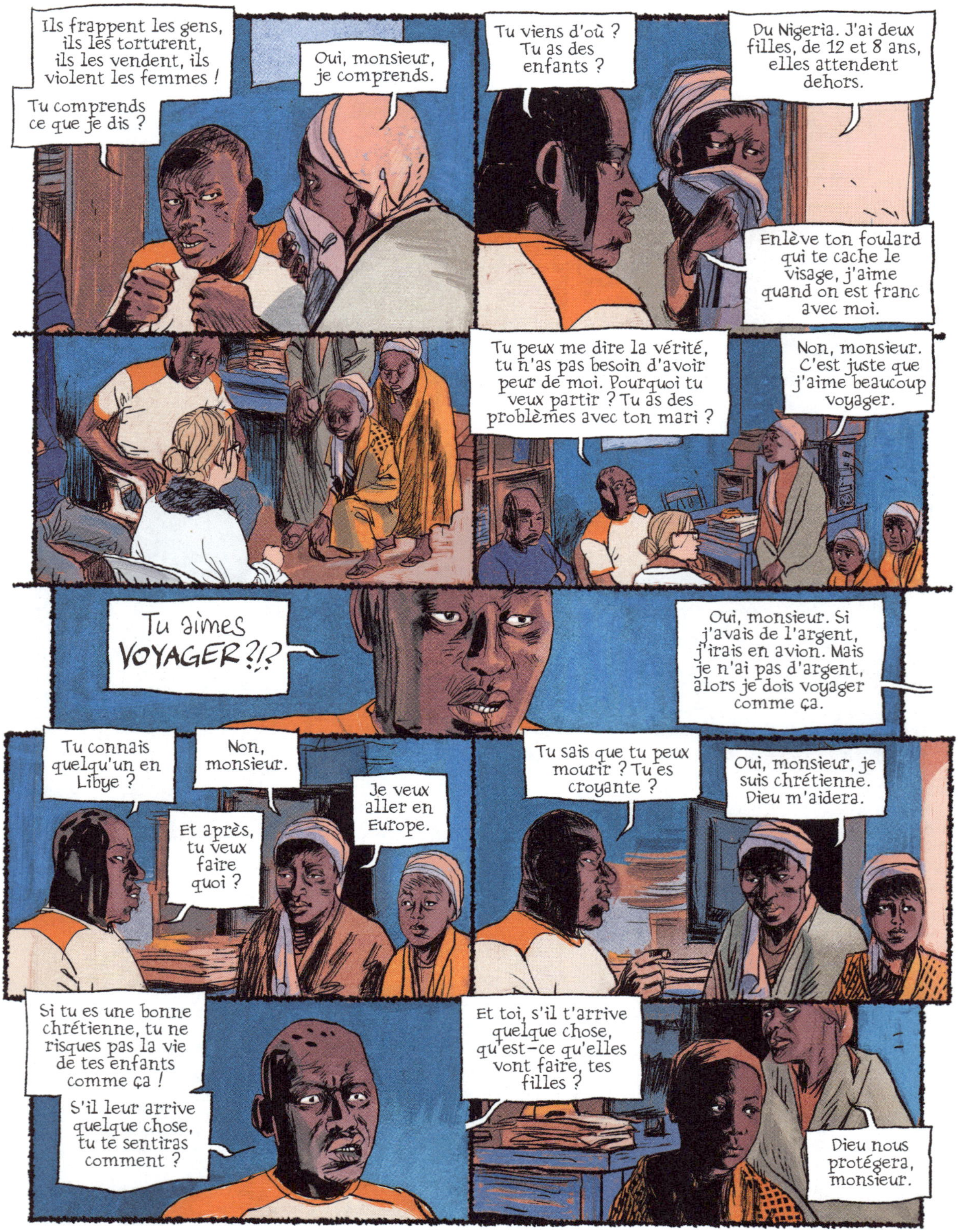

Ils frappent les gens, ils les torturent, ils les vendent, ils violent les femmes !
Tu comprends ce que je dis ?
Oui, monsieur, je comprends.
Tu viens d'où ? Tu as des enfants ?
Du Nigeria. J'ai deux filles, de 12 et 8 ans, elles attendent dehors.
Enlève ton foulard qui te cache le visage, j'aime quand on est franc avec moi.
Tu peux me dire la vérité, tu n'as pas besoin d'avoir peur de moi. Pourquoi tu veux partir ? Tu as des problèmes avec ton mari ?
Non, monsieur. C'est juste que j'aime beaucoup voyager.
Tu aimes VOYAGER ?!?
Oui, monsieur. Si j'avais de l'argent, j'irais en avion. Mais je n'ai pas d'argent, alors je dois voyager comme ça.
Tu connais quelqu'un en Libye ?
Non, monsieur.
Et après, tu veux faire quoi ?
Je veux aller en Europe.
Tu sais que tu peux mourir ? Tu es croyante ?
Oui, monsieur, je suis chrétienne. Dieu m'aidera.
Si tu es une bonne chrétienne, tu ne risques pas la vie de tes enfants comme ça !
S'il leur arrive quelque chose, tu te sentiras comment ?
Et toi, s'il t'arrive quelque chose, qu'est-ce qu'elles vont faire, tes filles ?
Dieu nous protégera, monsieur.

Tu ne penses pas que tes filles seraient mieux à l'école ? Tu as d'autres enfants ?
Oui, monsieur, j'ai cinq autres enfants, mais ils sont plus grands, ils peuvent se débrouiller.
Ces deux-là, je ne pouvais pas les laisser, elles sont trop petites.
Tu sais que l'OIM peut t'aider à rentrer chez toi, ils peuvent même t'aider à ouvrir une petite boutique pour gagner ta vie.
Je peux les appeler.
Ils te donneront à manger, tu pourras dormir là-bas avec tes filles, et ils t'aideront à rentrer.
C'est très gentil, monsieur, mais ce n'est pas la peine. Je veux vraiment aller en Libye.
Je fais quoi, maintenant ? Si je la laisse partir avec ses filles, je ne suis pas tranquille !
22

Tu veux aller où en Europe, quel pays ?
N'importe où. Je travaillerai, je ferai n'importe quoi comme travail, et mes enfants iront à l'école.
Je viens d'Europe. Ce n'est pas facile là-bas. Et c'est vrai que le voyage est dangereux. J'ai vu des enfants arriver seuls parce que les parents sont morts sur la route.
Oui, madame. Mais au moins, les enfants sont arrivés en Europe.
Je comprends que rien de ce que je pourrai dire ne changera la décision de cette femme, portée par le paradis espéré au bout du chemin.
Qui suis-je pour tenter de la décourager, de toute façon ? Son courage et son entêtement forcent mon admiration et me laissent démunie.
J'ai des enfants, moi aussi. Je sais qu'une maman espère le mieux pour ses enfants.
Oui, madame. Merci, madame. Dieu nous protégera.

L'OIM gère six centres de transit au Niger, dont un à Agadez.
C'est ici qu'atterrissent ceux qui, épuisés par la route ou confrontés à un cul-de-sac, décident de rebrousser chemin.
Dans le langage de l'OIM, ça s'appelle le "retour volontaire assisté".
On m'a dérobé mon argent !
OIM
OIM
C'est très gentil, mais moi je veux voyager !
ALLER SIMPLE OFFERT
L'OIM prend en charge les démarches administratives (demande de passeport ou de laissez-passer) et paye le billet de retour. Elle peut aussi proposer une petite aide pour monter un projet de réinsertion dans le pays d'origine.
En attendant le départ, les personnes sont hébergées dans le centre de transit qui peut accueillir jusqu'à 1 000 personnes. C'est ici que j'ai rencontré Ousman Gaye, le jeune Gambien.
IOM
OIM
Les chiffres[1] sont en nette augmentation : 1 700 personnes sont rentrées chez elles en 2015, 5 000 en 2016, 7 100 en 2017 ...
... Et 16 400 en 2018.

1. SOURCE : OIM

Le centre des refoulés, à la périphérie d'Agadez.
C'est ici qu'arrivent les refoulés d'Algérie, comme Ousman.
Depuis qu'Ousman a quitté la Gambie en 2015, l'idée d'un "tri des migrants" entre réfugiés et "migrants économiques" a fait surface dans les politiques européennes.
Donnant d'abord naissance aux "hotspots" grecs et italiens, où les arrivants sont enregistrés.
GOOD LUCK
Pendant l'été 2017, Emmanuel Macron a évoqué l'idée de missions sur le sol africain...
..."Pour traiter des demandeurs d'asile et leur éviter de prendre des risques inconsidérés."
Le "tri" délocalisé entre "vrais" réfugiés et "faux" demandeurs d'asile a de fait déjà lieu dans la tente de l'OIM à Agadez.
À des milliers de kilomètres de la Méditerranée, dans le 6e pays le plus pauvre du monde.

* Haut Commissariat des Nations Unies pour les réfugiés.

Quatre mois plus tard, je retrouve Ousman en Gambie.
Il vit de nouveau chez son oncle, qui lui a trouvé une place d'apprenti chauffeur.
Il n'a plus jamais eu de nouvelles de l'OIM.
TAXI
Pendant ses trois ans sur la route, Ousman n'a jamais appelé son oncle.
Tous les jours, à la télé, il y avait des nouvelles d'accidents, tous ces chiffres de morts.
À un moment, j'ai pensé qu'il était un de ces chiffres.
Quand il avait besoin d'argent, il appelait ses amis.
C'est comme ça que je savais qu'il était toujours en vie.
Peut-être avait-il besoin de partir aussi longtemps pour que j'aie le temps de lui pardonner. Il ne me parle jamais du voyage.

Moi, je lui dis : Tu es un héros.
Seuls les héros peuvent accomplir le voyage que tu as fait, si long et si difficile.
Ici, on se moque de ceux qui reviennent bredouilles.
On nous appelle les "backway boys".
Pendant le voyage, Ousman a perdu deux de ses quatre compagnons de route.
J'aime venir ici quand je me sens tourmenté. Ça m'apaise.
Un est mort dans la prison en Libye, l'autre en Méditerranée.
Les parents du second se demandent si leur fils ne serait pas encore en vie, quelque part. Ousman ne sait pas quoi leur dire.
Un jour, je repartirai. Je ne veux pas rester en Gambie. J'économiserai de l'argent et je repartirai. En avion et avec un visa.
J'espère qu'un jour ce sera possible.

« Ce que ces personnes fuient, c'est la route migratoire »

Laura Hammond est anthropologue et professeure à l'École des études orientales et africaines (SOAS) à Londres. Elle étudie les migrations, les conflits et les déplacements de population dans la Corne de l'Afrique, région sur laquelle elle travaille depuis 1993. Elle conseille également des ONG.

Augmenter le niveau de vie pour limiter les départs : cette approche sous-tend de nombreuses politiques d'aide au développement. Elle n'a, en réalité, rien d'évident. Quitter son pays est une décision coûteuse, donc réservée à ceux qui en ont les moyens. Ainsi, lorsque la situation s'améliore, le nombre de départs grimpe. Ce n'est qu'à partir de revenus annuels de 7000 dollars que la migration est moins envisagée.

L'aide au développement vise souvent à améliorer la situation de l'emploi. Quelle est la part du chômage dans les raisons de départ ?

Les gens ne partent pas pour une seule et unique raison. Le chômage peut être une raison parmi d'autres, mais encore faut-il en faire une analyse plus fine : s'agit-il d'un manque absolu de travail, d'un travail qui ne permet pas de vivre, qui ne correspond pas aux attentes ou à la formation reçue ? Dans les études que j'ai menées au Somaliland, l'amélioration du niveau de vie produisait deux types de mobilité : les jeunes diplômés de classe moyenne pouvaient économiser sur leur salaire pour un projet de départ, et d'autres, qui avaient quitté le pays, envisageaient d'y revenir.

PHOTO : LAURENT HAZGUI

À Agadez, les voyageurs se croisent dans des foyers, les « ghettos ». Pour beaucoup, la ville est un cul-de-sac.

Quel peut être le rôle de l'aide au développement face aux migrations ?

Il faut réfléchir en termes de choix et non de réduction des départs à tout prix. Comment l'aide au développement peut-elle permettre aux personnes de décider pour elles-mêmes ? Comment ensuite garantir un parcours sécurisé pour ceux qui décident de partir ? Actuellement, les dangers sur la route sont tels qu'indépendamment des raisons de départ les personnes deviennent très vite victimes d'abus de toute sorte.

Dans ces circonstances, est-il possible de distinguer « migrants économiques » et « réfugiés » ?

Non. Les personnes peuvent partir pour des raisons économiques, mais leur projet se transforme en migration forcée dès lors qu'elles doivent recourir à des réseaux, souvent violents, qui les exploitent. Quand on demande à des personnes passées par la Libye pourquoi elles n'ont pas fait demi-tour face aux dangers, elles répondent que le trajet a été tellement éprouvant que le faire dans l'autre sens était impensable. Ce qu'elles fuient, à ce stade-là, c'est la route migratoire.

On devrait permettre aux personnes de bouger de façon légale et sûre, de partir mais aussi de revenir

Comment construire des politiques qui tiennent compte de toutes ces réalités ?

Contrôler la mobilité ne veut pas nécessairement dire fermer la frontière et renvoyer les gens chez eux. Il s'agit plutôt d'examiner avec plus de soin chaque situation, de s'assurer que ceux qui ont besoin de protection la reçoivent et, surtout, de permettre aux personnes de bouger de façon légale et sûre, de partir mais aussi de revenir, ne serait-ce que sur une période donnée. On pourrait prendre exemple sur un pays comme l'Ouganda, qui donne aux réfugiés un bout de terre et qui leur permet de travailler et de circuler librement. Le risque dans une politique de fermeture totale des frontières est de bloquer des personnes dans des situations inextricables. Parfois, les dangers de l'immobilité sont plus importants que ceux de la mobilité.

PHOTO : LAURENT HAZGUI

Depuis 2015, les transporteurs n'ont plus de travail.

MAKING-OF

« Agadez, ça te donne l'impression du Far West : à la fois au centre du monde et au milieu de nulle part, entouré de sable. Envoyée par le site Les Jours, je suis arrivée là-bas avec le photographe Laurent Hazgui, dont les photos ont aidé à dessiner ce reportage. Sur place, j'ai essayé de savoir combien de personnes disparaissaient dans le désert. Personne ne savait, mais tous parlaient du Sahara comme d'un cimetière immense, dont on ignore le nombre de tombes, recouvertes par le sable. »

Taina Tervonen

À LIRE

Au pays des disparus, de Taina Tervonen. L'enquête nous mène au Niger puis au Sénégal, dans les villages d'où certaines victimes étaient parties. Éd. Fayard. (2019)

À VOIR

Atlantique, de Mati Diop. Ce film, Grand Prix à Cannes, raconte l'émigration des jeunes depuis les quartiers populaires de Dakar, au Sénégal, du point de vue de ceux qui restent. Sorti en salles en octobre 2019.

Face B

Lydia Lunch. Poétesse, chanteuse, actrice… l'idole radicale de la scène No Wave se moque des convenances, cultive l'esprit de révolte et fuit les gros labels pour échapper au système. Mais à force de vouloir détruire les icônes, la rebelle du punk aux trente albums n'en serait-elle pas devenue une ?

ARNAUD LE GOUËFFLEC · NICOLAS MOOG

Elle se met à fréquenter les groupes punk... car, en 1975, le punk américain se cristallise à New York, autour de salles comme le CBGB...

* "J'appartiens à la génération vide."

De cette scène, Lydia Lunch devient une des mascottes.

Mais la jeune fille veut passer de l'autre côté du miroir. Avec le saxophoniste James Chance, elle fonde son premier groupe, Teenage Jesus and the Jerks.

La musique est abrasive et obsessionnelle. Lydia Lunch tape sur sa guitare et hurle comme une sorcière de Salem.

Le groupe apparaît alors sur "No New York", une compilation publiée par Brian Eno, reflet de ce qu'on appelle alors la scène No Wave...

Qui se construit par opposition à la New Wave à l'époque en plein essor.
Radicale, bruitiste, improvisée, elle expérimente bien au-delà du punk.

* "Déjeuner", en anglais.

LES GROUPES SE SUCCÈDENT, AUSSI ÉPHÉMÈRES QUE RADICAUX.
8 EYED SPY
LYDIA LUNCH IMPOSE UNE VOIX, FRONTALE ET INTENSE.
MAIS AUSSI UNE PERSONNALITÉ RAGEUSE, PLEINE D'UNE ÉNERGIE COMMUNICATIVE...
JE SUIS LA NOSTRADAMUS DE LA NO WAVE, DARLING.
¿
¿
¿
... ET NE S'INTERDIT AUCUN CHAMP D'INVESTIGATION, ANTICIPANT AVEC QUELQUES ANNÉES D'AVANCE LA FIGURE D'ARTISTE MULTIMÉDIA.
LA SEULE FAÇON DE DOMESTIQUER LA DOULEUR EST DE CRÉER.
LYDIA TOURNE AINSI DANS LES MOYENS-MÉTRAGES DE RICHARD KERN, UN CINÉASTE FASCINÉ PAR LA VIOLENCE ET LA PORNOGRAPHIE, QUI A FAIT DE NEW YORK SON SUJET ET DE LYDIA UNE ACTRICE TOUT INDIQUÉE.

EN 1979, ELLE PUBLIE UN GRAND DISQUE, "QUEEN OF SIAM", EN APPARENCE PLUS APAISÉ, OÙ ELLE SE RÉINVENTE EN CHANTEUSE VÉNÉNEUSE, SUSURRANT D'UNE VOIX FAUSSEMENT CANDIDE DES COMPTINES INQUIÉTANTES ET TAMISÉES...

LYDIA COLLABORE ALORS AVEC UN GROUPE PARTICULIÈREMENT HABITÉ QUI DÉFRAIE LA CHRONIQUE, THE BIRTHDAY PARTY, AU SEIN DUQUEL OFFICIE CELUI QU'ELLE APPELLE, AVEC UN MÉLANGE DE TENDRESSE ET DE CYNISME, SON JUMEAU MORT, NICK CAVE.

EN 1982, AVEC EUX, LE DISQUE "HONEYMOON IN RED" EST ENREGISTRÉ À BERLIN. MAIS IL NE SORTIRA QU'EN 1987 SUR LE PROPRE LABEL DE LUNCH, WIDOWSPEAK, QU'ELLE A CRÉÉ POUR SE DONNER LES MOYENS DE SON INDÉPENDANCE.

ARTISTE COMPLÈTE, LYDIA LUNCH RECHERCHE LA COLLABORATION, S'EN NOURRISSANT POUR INLASSABLEMENT SE RENOUVELER.
ROWLAND S. HOWARD, L'AUTRE LEADEUR DE THE BIRTHDAY PARTY.
J.G. THIRLWELL, ALIAS FOETUS, MUSICIEN INDUSTRIEL.
KIM GORDON OU THURSTON MOORE DU GROUPE SONIC YOUTH, DEUX DE SES FERVENTS ADMIRATEURS.
HENRY ROLLINS, CHANTEUR DU GROUPE DE PUNK HARDCORE BLACK FLAG.
MAIS QUEL QUE SOIT LE COLLABORATEUR, LYDIA LUNCH N'EN FINIT PAS DE DÉVELOPPER DE DISQUE EN DISQUE UN UNIVERS BIEN À ELLE, POISSEUX, ONIRIQUE, VIOLENT ET FASCINANT.
IMMACULATE CONSUMPTIVE
featuring MARC ALMOND
LYDIA LUNCH
NICK CAVE
THURS OCT 27
$7
EINSTÜRZENDE NEUBAUTEN
HARD ROCK
LYDIA LUNCH MICHAEL GIRA
HARD ROCK

... OÙ ELLE CULTIVE SA RADICALITÉ ET SA LIBERTÉ DE TON.

... ET DÉVELOPPE NOTAMMENT SES PROJETS DE SPOKEN WORDS, POÉSIE DÉCALÉE, EXERCICE DANS LEQUEL ELLE EXCELLE.

CAR L'ŒUVRE DE LYDIA LUNCH SE NOURRIT DE LITTÉRATURE ET S'Y AVENTURE SANS SOURCILLER.

AVEC KIM GORDON DES SONIC YOUTH, ELLE FONDE L'ÉPHÉMÈRE GROUPE HARRY CREWS, QUI REND HOMMAGE À L'AUTEUR DU MÊME NOM, FIGURE DU ROMAN NOIR AMÉRICAIN...
... DONT L'UNIVERS ÉTRANGE SE SITUE, LUI AUSSI, À LA LISIÈRE DE LA FOLIE.

LES ANNÉES PASSENT, ET LA CRÉATIVITÉ DE LYDIA LUNCH N'A PAS FAIBLI.
Lydia Lunch's
BIG SEXY NOISE
ENTRE CONCERTS, DISQUES, LIVRES, EXPOSITIONS DE PHOTOS, ATELIERS DE CRÉATION POUR DES FEMMES EN DIFFICULTÉ.
ELLE EST RÉCEMMENT APPARUE DANS LE DOCUMENTAIRE "MUTANTES (FÉMINISME PORNO PUNK)" DE VIRGINIE DESPENTES, AUTRE FIGURE FÉMINISTE ROCK.
QUI EST LYDIA LUNCH ? UNE VOIX, PATIEMMENT FAÇONNÉE PAR LES ANS ET LES EXCÈS QUI LUI ONT DONNÉ CETTE PATINE IMMÉDIATEMENT RECONNAISSABLE.
PLUS JE VIEILLIRAI, PLUS MA VOIX GAGNERA EN PUISSANCE.
UNE SURVIVANTE.
UNE ÉMANCIPATRICE, QUI A SU DÉFRICHER DES CHEMINS POUR LES AUTRES, NOTAMMENT POUR LES FEMMES, ET A EXERCÉ UNE INFLUENCE DÉTERMINANTE SUR NOMBRE DE SES CONTEMPORAINES ET CONTEMPORAINS...
... MULTIPLIANT LES PROJETS À LA CROISÉE DES CHEMINS, ENTRE POÉSIE, ROCK, EXPÉRIMENTATION, THÉÂTRE ET ARTS VISUELS, IMPOSANT DANS LE ROCK LA FIGURE DE L'ARTISTE PLURIDISCIPLINAIRE...
... SUBSTITUANT AUX QUESTIONS SANS RÉPONSE UN FÉMINISME ET UNE CRÉATIVITÉ SANS CESSE RENOUVELÉS ET UN HÉDONISME RADICAL.
SEUL LE PLAISIR LIBÈRE, QU'IL SOIT MENTAL, SEXUEL OU ARTISTIQUE.

MI-TEMPS

E-sport. Amateur ou professionnel, organisé en ligues : comme son homologue physique, il se donne en spectacle. Peu de risque de claquage, à peine quelques courbatures aux pouces, diront ceux qui peinent à y voir un « vrai » sport. La pratique a quand même sa rubrique sur le site de *L'Équipe*.

WOUZIT

* Comité international olympique.

* Anglicisme désignant un débutant dans l'univers du jeu informatique.

JE VOIS...
EN MÊME TEMPS, C'EST COMME POUR LE VRAI SPORT... QU'EST-CE QUI FAIT QU'UNE ACTIVITÉ PHYSIQUE DEVIENT OFFICIELLEMENT UN SPORT... JE VEUX DIRE..., GENRE LE SKELETON, À QUEL MOMENT DESCENDRE À PLAT VENTRE UNE PISTE GLACÉE EST DEVENU UN SPORT ?
TUT
TUT
ÇA COMMENCE...
COUNTER-STRIKE, CE SONT DEUX ÉQUIPES QUI S'AFFRONTENT, COMME AU BASE-BALL, ALTERNATIVEMENT EN ATTAQUE (LES TERRORISTES) ET EN DÉFENSE (LES ANTITERRORISTES)...
J'AVOUE, AU DÉPART, C'EST UN PEU ANXIOGÈNE !
SEIZE MANCHES GAGNANTES DE DEUX MINUTES DURANT LESQUELLES ON ÉVOLUE SUR UNE CARTE POUR ÉLIMINER L'ÉQUIPE ADVERSE OU POSER UNE BOMBE OU LA DÉSARMORCER...
B
A
: ZONE POUR POSER LA BOMBE
C'EST UN JEU DE TIR AVEC UNE VUE À LA PREMIÈRE PERSONNE APPELÉ UN FPS, (FIRST PERSON SHOOTER).
1
2
3
4
5
30/90
100
100
LE JEU SE JOUE AU CLAVIER ET À LA SOURIS, AU DÉBUT, LA MANIABILITÉ N'EST PAS ÉVIDENTE, ON PESTE SOUVENT.
MAIS !?! ...IMBÉCILE...
RHAAAA, J'SUIS COINCÉ CONTRE UN MUR !
BLOQUÉ SUR SES PIEDS
TAP
TAP
TAP
TAP
CLIC
SWIIIP
AU-DELÀ D'UNE MAÎTRISE DE SON PERSONNAGE, C'EST COLLECTIF ET TACTIQUE. CHAQUE ÉQUIPE ÉTABLIT UN PLAN D'ACTION CODIFIÉ.
RUSH B. TUNNEL AND MID !
DE QUOI ?

MOI, J'SUIS UN PEU UN CHIEN FOU AVEC AUCUNE RÉACTION, UNE BICHE PRISE DANS DES PHARES...
ATTENDS, J'ENVOIE UNE...
À L'ATTAAAQUU...
MAIS! QU'EST-CE QUE TU...
?!?
PAM!
OH NON...
SUKA!
IL N'EST PAS RARE DE SE FAIRE INSULTER PAR LES MEMBRES DE SON ÉQUIPE. ICI UN RUSSE D'ENVIRON 13 ANS...
IDIOT... ÇA DEMANDE UN MINIMUM DE STRATÉGIE...
ICI MON PROPRE AMI...
C'EST UN JEU TRÈS IMMERSIF ET EXTRÊMEMENT STRESSANT POUR MOI.
Y A QUELQU'UN? WOUHOU!
TAP
TAP
SURTOUT, SI PAR MALHEUR VOUS ÊTES LE SEUL SURVIVANT DE VOTRE ÉQUIPE. TOUS LES ESPOIRS REPOSENT SUR VOUS, ET ON VOUS LE FAIT COMPRENDRE. J'AI L'IMPRESSION D'ÊTRE EN TIR AU BUT D'UNE FINALE DE COUPE DU MONDE.
LEFT!
HURRY UP!
BE CAREFUL!
IN YOUR BAAACK!
OH NON...
SUKA...
STUPEFLIP CREW
APRÈS UNE PARTIE DE QUARANTE MINUTES, ON EN RESSORT LESSIVÉ... UNE CONCENTRATION PERMANENTE, DU STRESS, DE LA JOIE COMME DANS TOUT SPORT.
PAS MAL. LA PROCHAINE FOIS, ESSAYE DE TUER QUELQU'UN...!
J'AI FAIT UN KILL!
...QUELQU'UN DE L'ÉQUIPE ADVERSE!
CS

ALORS, CONVAINCU ?
OK.
C'EST STRATÉGIQUE ET COMPÉTITIF, MAIS ÇA N'EN FAIT PAS UN SPORT.
?
BUD SPENC
EXCUSEZ-MOI !
MAXENCE, UN DES PATRONS DU BAR ET JOUEUR ÉMÉRITE DE CS:GO (2004-2010)
JE ME PERMETS...
TOUT COMME LE SPORT TRADITIONNEL, L'E-SPORT OFFRE UNE STRUCTURE PROFESSIONNALISANTE, AVEC UN SYSTÈME DE LIGUE, DE TOURNOIS... IL Y A DE NOMBREUX SPONSORS. LORS DE THE INTERNATIONAL SUR LE JEU DOTA 2, LE TOURNOI LE PLUS PRESTIGIEUX, LES DOTATIONS ONT DÉPASSÉ LES 25 MILLIONS DE DOLLARS !
AIRBUS ET LE PSG SONT PROPRIÉTAIRES DE LEUR ÉQUIPE D'E-SPORT... POUR LES J.O. DE 2024 À PARIS, TONY ESTANGUET S'ÉTAIT DIT OUVERT À L'ENTRÉE DE LA DISCIPLINE... LE C.I.O. EN A DÉCIDÉ AUTREMENT. L'ESPORT INTÉGRERA LES DISCIPLINES MÉDAILLABLES POUR LES JEUX ASIATIQUES DE 2022...
ÇA N'EN FAIT PAS UNE PRATIQUE PHYSIQUE...
SUR LES HUIT HEURES QUOTIDIENNES D'ENTRAÎNEMENT, LES PROS CONSACRENT DEUX HEURES À UNE ACTIVITÉ PHYSIQUE !
OUI... ENFIN PAS DANS L'E-SPORT LUI-MÊME.
LORS D'UN MATCH, LES JOUEURS ONT UNE VITESSE DE 7 ACTIONS PAR SECONDE. ILS SONT RETRAITÉS AVANT 30 ANS CAR LEURS RÉFLEXES NE SUIVENT PLUS !!!
UN DACTYLO A AUSSI UNE VITESSE D'ACTION PAR MINUTE ÉLEVÉE...
LA CONDITION PHYSIQUE, ON S'EN FICHE ! LE TIR À L'ARC, LA PÉTANQUE, LES ÉCHECS, LE POKER, LE SCRABBLE SONT TOUS CONSIDÉRÉS COMME DES SPORTS, DONC C'EST UN FAUX DÉBAT !
LE SCRABBLE ?!?
LE SCRABBLE, SIMON !!!
...IL FALLAIT COMMENCER PAR LÀ !

MARSEILLE

QUARTIERS SHIT

« Marseille : un homme tué par balle ». « Nouveau règlement de comptes à la kalachnikov ». Il ne se passe pas trois mois sans que la cité phocéenne fasse les gros titres. Année après année, le décompte macabre n'en finit pas de grimper. Très souvent, la victime « est connue pour des faits de stupéfiants ». Très souvent, elle a entre 15 et 25 ans. Des caïds mais aussi des petits frères, moins bien payés, plus exposés. Peuvent-ils seulement y échapper ? Misère, ghettos, relégation sociale : dans les quartiers Nord, le terrain est fertile pour que le trafic fleurisse. Au pied des tours, au fond des caves, récit de cette économie souterraine par ceux qu'elle a piégés.

PHILIPPE PUJOL **YVAN ALAGBÉ**

L'ARGENT...
DU CONTREBANDIER LANCÉ DANS UN GO-FAST AU PETIT TRAFIQUANT DE CITÉ,
ILS COURENT TOUS APRÈS L'ARGENT.
ET MOI ? JE COURS APRÈS QUOI ?
POLIC
JE SUIS FLIC. JE COURS APRÈS LES BANDITS. ET ÇA COMMENCE À FAIRE UN MOMENT QUE JE COURS.
Il vient de récupérer un paquet. Go !
Jean-François, commissaire de la division Nord

* Elle a étudié les réseaux de drogue du Maroc aux cités marseillaises au sein du Laboratoire méditérranéen de sociologie.

* Économiste et militant syndical, il travaille sur le développement des villes et des territoires.

On l'a perdu.
Il est entré dans un appartement complice.
On t'aura, petit. On t'aura !
… La bataille faisait rage pour les acquis sociaux. Le triptyque port-industrie-lutte des classes fondait l'équilibre de la ville… Mais avec la fin de la colonisation puis le choc pétrolier, la bourgeoisie a abandonné la transformation industrielle et la ville a basculé vers le tout-commerce…

POLICE
POLICE
POLICE
… Alors, faute d'investissements, beaucoup d'usines ont fermé ; l'industrie a fui Marseille pour les communes alentour. Le commerce et les activités de stockage génèrent moins d'emplois, moins bien payés, alors les cités se paupérisent. C'est dans cette lutte pour la survie que le trafic de drogue prend son essor, une armée industrielle de réserve permet de créer une économie souterraine."

NOTRE OBJECTIF AUJOURD'HUI, C'EST LE « CHEF DE PLAN ». IL CONTRÔLE PLUSIEURS POINTS DE VENTE DE LA CITÉ.
DES MOIS QU'ON L'A DANS LE VISEUR.
DES MOIS QU'ON LE PHOTOGRAPHIE, QU'ON LE PISTE, QU'ON L'ÉCOUTE SANS MÊME SAVOIR QUI IL EST.
POUR FAIRE TOMBER UN POINT DE VENTE, IL FAUT TROIS SEMAINES.
POLICE
POUR UN RÉSEAU DE CITÉ, IL FAUT TROIS MOIS. POUR REMONTER AUX CHEFS, IL FAUT TROIS ANS.
POLICE
MARSEILLE ABRITE PLUSIEURS CENTAINES DE RÉSEAUX, ARRACHEZ-EN UN, D'AUTRES POUSSENT.
VIDER LA MER À LA PETITE CUILLÈRE, C'EST ÇA, MON MÉTIER.

MOI, J'HABITE DANS CETTE CITÉ DEPUIS VINGT ANS.
Samira, 36 ans
JE SUIS NOURRICE, ÇA SIGNIFIE QU'ILS PLANQUENT DU SHIT CHEZ MOI.
MÊME QUAND JE PRENDS MA DOUCHE, JE DOIS LAISSER MON APPARTEMENT OUVERT... SINON, ON ME BASTONNE.
JE N'AI PAS VRAIMENT CHOISI, JE ME SUIS JUSTE LAISSÉ PRENDRE. PARCE QUE J'ÉTAIS SUFFISAMMENT BELLE POUR DEVENIR LA PETITE COPINE D'UN CHEF DE RÉSEAU.
PARCE QU'IL M'A PAYÉ DES FRINGUES DE MARQUE, M'A OFFERT LA BELLE VIE QUELQUES MOIS AVEC L'ARGENT DU SHIT. PUIS IL M'A REMPLACÉE PAR UNE AUTRE ET M'A IMPOSÉ DE DEVENIR NOURRICE.

STYLO, JE LE CONNAIS DEPUIS QU'IL EST GAMIN.
DANS UNE CITÉ COMME ÇA, ON SE CONNAÎT TOUS DEPUIS LONGTEMPS.
QUATRIÈME D'UNE FRATRIE DE HUIT ENFANTS. UNE MÈRE SEULE ET DÉBORDÉE...
LES TRAFIQUANTS AIMENT BIEN LES ENFANTS DE FAMILLES MONOPARENTALES.
CE MÔME A TOUJOURS ÉTÉ POSÉ, CALME, SÉRIEUX. DÉBROUILLARD... TOUT CE QU'IL FAUT POUR RÉUSSIR.
AILLEURS QU'ICI.

DE CHEZ MOI, LES GARS MONTENT ET DESCENDENT DU SHIT SUR LE BALCON DE BRAHIM, LE VOISIN DU DESSOUS.
BRAHIM A ENVOYÉ CHEZ UNE TANTE SES DEUX FILS QUI ALLAIENT ÊTRE EMBRINGUÉS PAR LE RÉSEAU DE STUPS.
DEPUIS, LES DEALEURS LUI FONT LA VIE IMPOSSIBLE.
IL A DEMANDÉ UN RELOGEMENT, MAIS IL NE PEUT PAS DIRE POURQUOI. IL LUI FAUDRAIT PORTER PLAINTE. CE QUI LUI VAUDRAIT DE PERDRE QUELQUES DENTS.
ALORS, IL RESTE LÀ, TOUT SEUL, POUR NE PAS PERDRE SON LOGEMENT SOCIAL EN ESPÉRANT EN OBTENIR UN AUTRE AILLEURS.
EN ATTENDANT, IL EST NOURRICE MALGRÉ LUI.
ON CÈDE À LA TENTATION, ON LE PAIE.
ON RÉSISTE À LA TENTATION, ON LE PAIE.

DEUX ÉTAGES EN DESSOUS, FATIA EST EN TRAIN DE MOURIR DE VIEILLESSE SUR SON LIT MÉDICALISÉ.
ELLE NE BOUGE PLUS ET REÇOIT RÉGULIÈREMENT LA VISITE DE SES DEUX FILLES ET CELLE DE SON PETIT-FILS, BÉCHIR.
IL L'EMBRASSE, PUIS DÉPOSE OU RÉCUPÈRE LES ARMES QU'IL PLANQUE DANS L'ARMOIRE À PHARMACIE. IL SAIT QUE PERSONNE NE VIENDRA LES CHERCHER LÀ.
AU REZ-DE-CHAUSSÉE, C'EST LA SALLE D'ATTENTE, LES CLIENTS PATIENTENT POLIMENT AVANT D'ÊTRE SERVIS.
STYLO RETROUVERA BIENTÔT SON POSTE.
MÊME APRÈS UNE DESCENTE, LES AFFAIRES NE SONT JAMAIS LONGUES À REPRENDRE.
BUSINESS IS BUSINESS.

Y A QUE L'ARGENT QUI PARLE, J'AI APPRIS ÇA TOUT PETIT.
Allez faire un foot avec les enfants de la dame.
Stylo, 21 ans
Shit. 20 euros
Shit. 20 euros
LA SALLE D'ATTENTE EST OUVERTE DE 11 HEURES À 23 HEURES.
IL Y A DES HEURES CREUSES ET DES HEURES DE POINTE. LES SOIRS DE MATCH, IL FAUT FAIRE LA QUEUE POUR ÊTRE SERVI.
FRIC ET PRODUIT NE SE CROISENT JAMAIS.
SI L'ON EST PRIS AVEC JUSTE LE SHIT, ON PEUT SE DIRE CONSOMMATEUR.
MESSI
10
AVEC LES DEUX, ON EST CONSIDÉRÉ PAR LE JUGE COMME UN DEALEUR.

L'ARGENT REMONTE AU COMPTABLE.
LA CAME EST COUPÉE DANS UN APPARTEMENT DU BÂTIMENT D'EN FACE.
IL Y A UN FRIGO REMPLI DE GROSSES SAVONNETTES DE HASCHICH.
Magasin n'est pas là ?
Il revient.
Ça va, ici ?
Ouais, Tranquille.
Tranquille.
AU SOUS-SOL, TOUT EST RELIÉ. LES CAVES COMMUNIQUENT. EN CAS DE DESCENTE DE POLICE, TOUT LE MONDE REMONTE DANS LES APPARTEMENTS.

C'est toi, Magasin ? Ta livraison est sur la table !
HENNE
CHAQUE SAVONNETTE EST COUPÉE EN MORCEAUX ET MIXÉE AVEC UN OU PLUSIEURS PRODUITS.
T'as vu ma montre ? C'est le boss qui me l'a filée. Elle vaut 3 000 euros.
Tu l'as eue gratos ?
CERTAINS METTENT DU TALC, DU PLÂTRE, DU GAZON OU DE LA PARAFFINE.
POUR FAIRE PLUS DE POIDS DONC PLUS DE FRIC À LA REVENTE.
Non, pas tout à fait. Je vais la lui rembourser petit à petit avec ce que je gagne.
ON PEUT METTRE AUSSI DE L'HUILE DE VIDANGE. POUR LUI DONNER L'ASPECT GRAS DU TRÈS BON SHIT.
Et voilà ! 20 % de produit en plus, 20 % de fric en prime !
EN BOUT DE CHAÎNE, LES PLUS PETITS RÉSEAUX, QUI ACHÈTENT LEUR CANNABIS AUX PLUS GROS, VENDENT UN SHIT PRESQUE SANS CANNABIS TELLEMENT IL A ÉTÉ COUPÉ.

T'as gagné 3 000 euros de dettes, quoi.
ALORS, ILS FINISSENT PAR AJOUTER DES ANTIDÉPRESSEURS.
MESSI 10
Qu'est-ce qu'il te faut, Couscous ?
Deux fois 20. Une fois 40.
JUSTE POUR DONNER LA SENSATION D'UN EFFET PSYCHOTROPE.
ET ÇA, POUR LE CERVEAU, C'EST PIRE QUE TOUT.
COUPEUR EST L'UN DES MÉTIERS QUI RAPPORTENT LE PLUS. IL FAUT DES MECS DE CONFIANCE ET LA CONFIANCE, ÇA SE PAYE.

C'EST STYLO QUI ME FAIT BOSSER COMME GUETTEUR.
Sofiane, 13 ans
Hé ! les flics, on les repère avant la cité !
IL Y A LES GUETTEURS SUR TOIT, LES GUETTEURS À SCOOTER, DES GUETTEURS EN POSTE...
ON EST LÀ POUR GUEULER QUAND ÇA PUE. ON EST LÀ POUR AVOIR LE NEZ SENSIBLE.
ON A INTÉRÊT PARCE QUE SI ON LAISSE PASSER UN TRUC, Y A MORFLAGE.
PERSONNE NE T'EXPLIQUE, MAIS SI TU TE RATES, T'EN PRENDS UNE.
GUETTEUR, EN FONCTION DU RÉSEAU QUI T'EMPLOIE ET DE TON EXPÉRIENCE, C'EST 50 À 65 EUROS PAR JOUR.
SAUF QUAND IL Y A UN SOUCI, LÀ, IL FAUT REMBOURSER CE QUI A ÉTÉ SAISI.

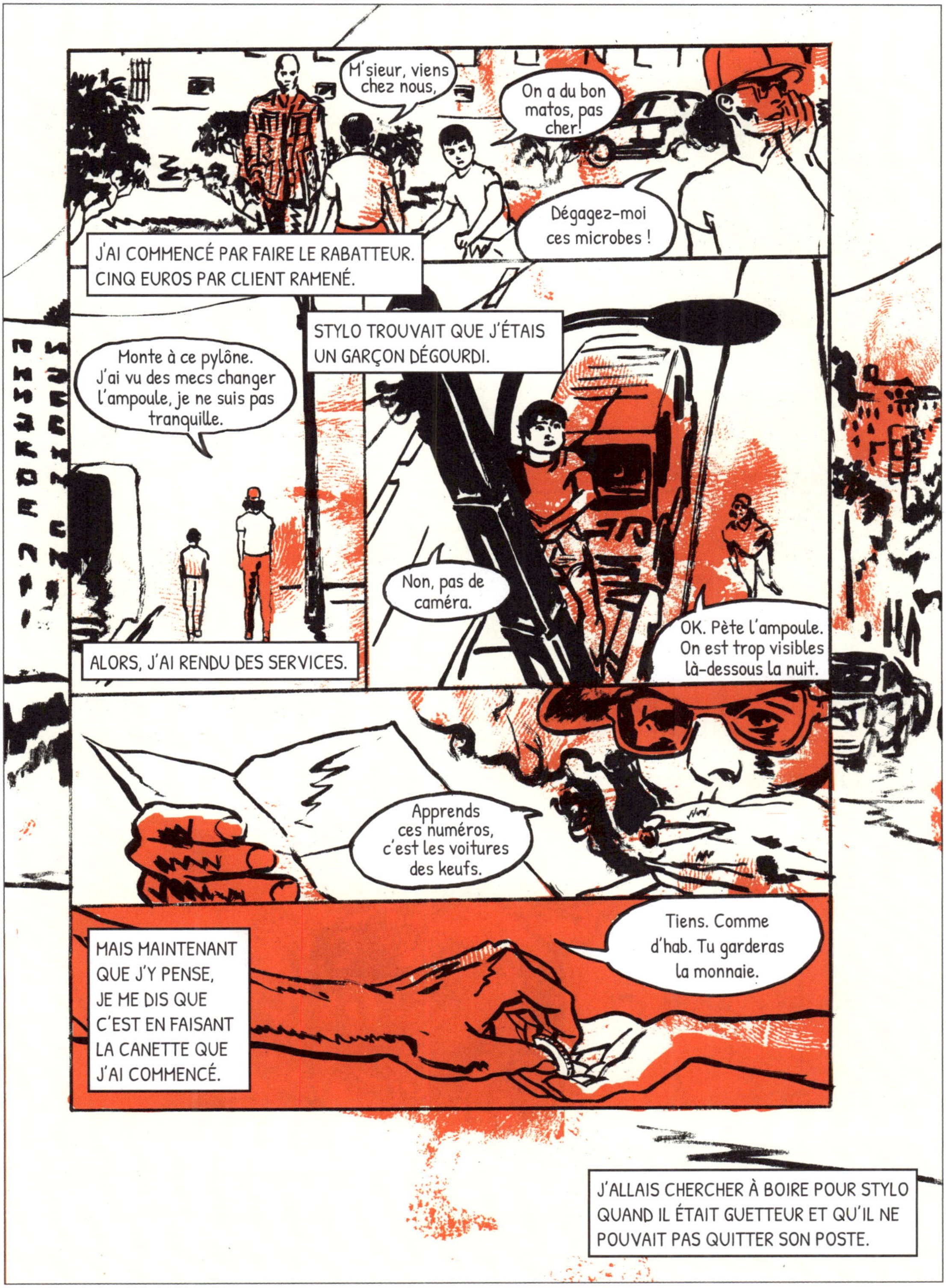
M'sieur, viens chez nous,
On a du bon matos, pas cher!
Dégagez-moi ces microbes !
J'AI COMMENCÉ PAR FAIRE LE RABATTEUR. CINQ EUROS PAR CLIENT RAMENÉ.
Monte à ce pylône. J'ai vu des mecs changer l'ampoule, je ne suis pas tranquille.
STYLO TROUVAIT QUE J'ÉTAIS UN GARÇON DÉGOURDI.
Non, pas de caméra.
OK. Pète l'ampoule. On est trop visibles là-dessous la nuit.
ALORS, J'AI RENDU DES SERVICES.
Apprends ces numéros, c'est les voitures des keufs.
Tiens. Comme d'hab. Tu garderas la monnaie.
MAIS MAINTENANT QUE J'Y PENSE, JE ME DIS QUE C'EST EN FAISANT LA CANETTE QUE J'AI COMMENCÉ.
J'ALLAIS CHERCHER À BOIRE POUR STYLO QUAND IL ÉTAIT GUETTEUR ET QU'IL NE POUVAIT PAS QUITTER SON POSTE.

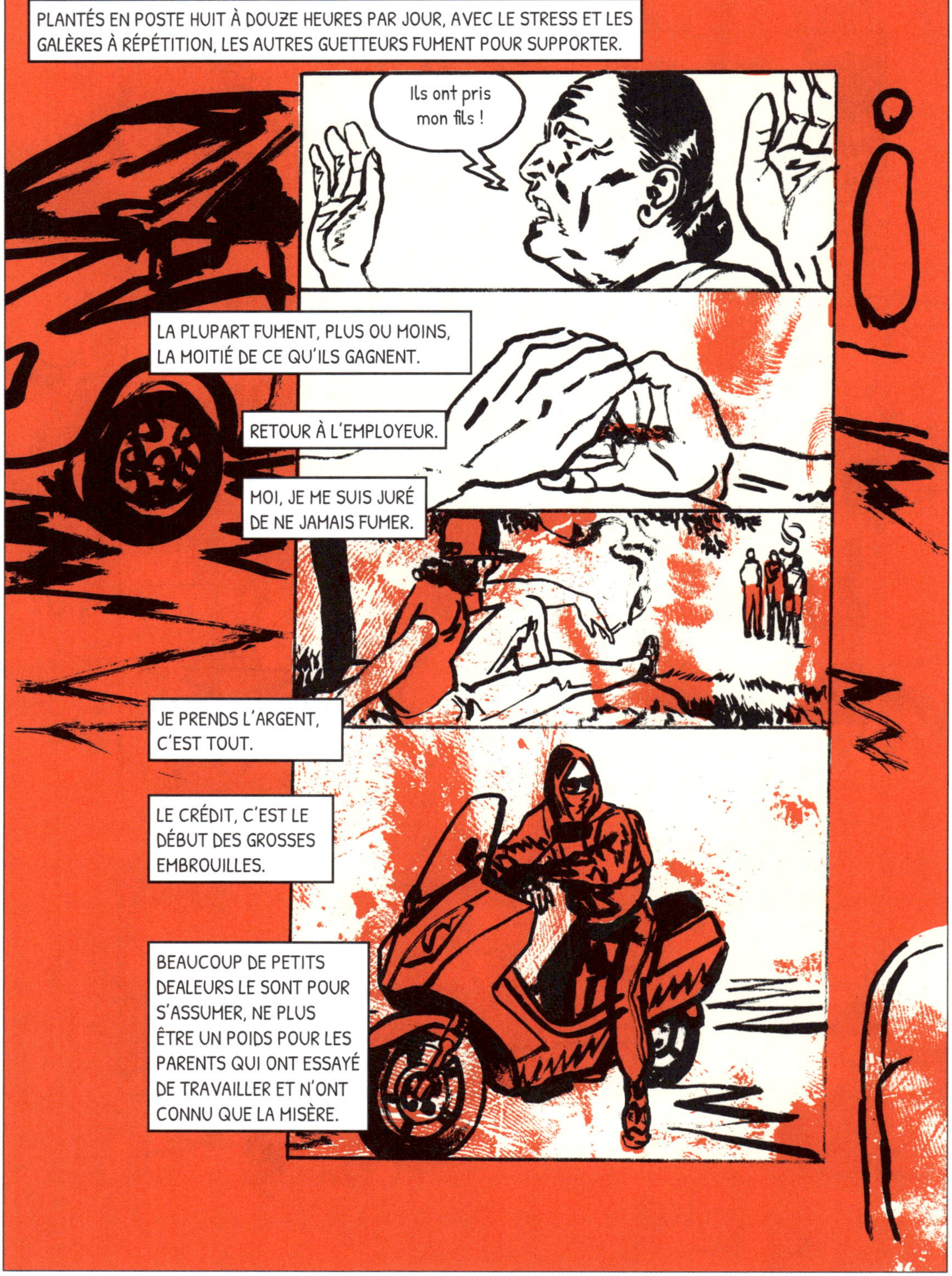
PLANTÉS EN POSTE HUIT À DOUZE HEURES PAR JOUR, AVEC LE STRESS ET LES GALÈRES À RÉPÉTITION, LES AUTRES GUETTEURS FUMENT POUR SUPPORTER.
Ils ont pris mon fils !
LA PLUPART FUMENT, PLUS OU MOINS, LA MOITIÉ DE CE QU'ILS GAGNENT.
RETOUR À L'EMPLOYEUR.
MOI, JE ME SUIS JURÉ DE NE JAMAIS FUMER.
JE PRENDS L'ARGENT, C'EST TOUT.
LE CRÉDIT, C'EST LE DÉBUT DES GROSSES EMBROUILLES.
BEAUCOUP DE PETITS DEALEURS LE SONT POUR S'ASSUMER, NE PLUS ÊTRE UN POIDS POUR LES PARENTS QUI ONT ESSAYÉ DE TRAVAILLER ET N'ONT CONNU QUE LA MISÈRE.

C'EST MA MÈRE QUI A PAYÉ MA PREMIÈRE PAIRE DE NIKE. POUR QU'ON ARRÊTE DE SE FOUTRE DE MA GUEULE À L'ÉCOLE.
ELLE NE VOULAIT PAS QUE JE TOMBE DANS LE BUSINESS.
J'AI BOUSILLÉ MES POMPES EN FAISANT LE CON À SCOOTER. J'AI DÛ LUI DIRE QUE J'ÉTAIS TOMBÉ À VÉLO. ÉVIDEMMENT, ELLE N'A PAS VOULU M'EN REPAYER.
J'AI DÛ FAIRE SEMBLANT DE LES METTRE QUAND MÊME. MAIS J'AI BOSSÉ POUR M'EN REPAYER DES NEUVES.
EN FAIT, JE LES AI ACHETÉES À CRÉDIT. J'AI FAIT LE CHOUF* PLUS D'UNE SEMAINE POUR REMBOURSER.
Tu veux que je fasse quoi ? Que je rende tout ? Tu veux que je me tape la honte de ma vie ?
AUJOURD'HUI, MÊME SI JE REMPLIS LE FRIGO, MA MÈRE REFUSE D'Y TOUCHER.
MÊME MES SŒURS N'ONT PAS LE DROIT DE BOIRE UNE GOUTTE D'UNE CANETTE QUE J'ACHÈTE.
C'est l'argent sale de Sofiane qu'il y a dans cette canette !
Ils ont pris mon fils !
IL FAUT DIRE QU'ELLE A DES RAISONS.
MON FRÈRE NABIL EST MORT À 17 ANS. IL AVAIT 27 BALLES DANS LE CORPS.

* Le guetteur.

LES VIOLENCES ÇA SUFFIT !
Ils ne savent même plus sourire. Il n'y a même plus d'espoir dans leurs yeux si grands...
LA MORT DE CES MINOTS, JE NE M'Y FAIS PAS.
LES RAISONS DE CES FLINGAGES SONT NOMBREUSES.
DÉTRUIRE LA CONCURRENCE, SE VENGER, RECOUVRER UNE DETTE OU LAVER SON HONNEUR.
LE TRAFIC DE DROGUE EST LA FACE CACHÉE DU LIBÉRALISME, SA DÉCLINAISON DANS L'ÉCONOMIE SOUTERRAINE.
Jean-François, commissaire de la division Nord
POUR NOUS PROTÉGER PAS POUR FERMER
C'EST LA LOI DE L'OFFRE ET DE LA DEMANDE.
EN PÉRIODE DE CRISE, LA CONCURRENCE PLUS AIGUË S'EXPRIME PAR DES RÈGLEMENTS DE COMPTES.
DEPUIS DIX ANS QUE JE SUIS FLIC ICI, JE NE LES COMPTE PLUS.
LES AMIS DE LA VICTIME QUI REGARDENT LA SCÈNE DE CRIME.
LES COMMANDITAIRES DU MEURTRE QUI SE GLISSENT PARMI LES BADAUDS POUR S'ASSURER QUE LE CONTRAT EST REMPLI.
ET TOUT LE MONDE OU PRESQUE SAIT QUI A TUÉ ET POURQUOI.
MOI AUSSI, JE SAIS, PRESQUE TOUJOURS.
MAIS LA JUSTICE VEUT DES PREUVES, PAS DES CONVICTIONS.

UN AVENIR POUR NOS
QUAND NABIL EST MORT, NOTRE GRAND FRÈRE, NOUR, A VOULU SAVOIR QUI L'AVAIT TUÉ.
Les enfants de nos quartiers
Embarqués sur un navire
Qui n'a plus ni voile ni avenir
Attendent le vent
QUAND IL A ÉTÉ ABATTU À SON TOUR, J'AI CRU QUE MA MÈRE ALLAIT DEVENIR FOLLE.
NON
À TOUTES FOR
DE VIOLENCE
LE JOUR DE L'ENTERREMENT ELLE N'A PAS PLEURÉ.
PEUT-ÊTRE PARCE QU'ELLE SAVAIT QUE L'ASSASSIN DE SON FILS ÉTAIT LÀ, QUELQUE PART, PARMI CEUX QUI APPORTAIENT LEURS CONDOLÉANCES.
MILLE FLEURS
LE QUARTIER
COMMENT JE PEUX ÊTRE DANS LE BUSINESS ALORS QU'IL A ENTRAÎNÉ LA MORT DE MES FRÈRES ?
J'IMAGINE QUE JE VEUX ÊTRE PLUS MALIN QU'EUX.
Sofiane
PASSER LE PERMIS ET, QUAND J'AURAI L'ÂGE, ACHETER UNE VOITURE.
ARRIVER À M'EN SORTIR.
ÊTRE AUTONOME.
Chez nous, la jeunesse succombe.
Là-bas, la richesse avance. Plus vite que la
colombe. Dans un ciel d'indifférence.
COLLECTIF DU 1er JUI

LE BUSINESS DE LA DROGUE COMPTE QUATRE CATÉGORIES.
LES PETITS, LES CRAMÉS, LES GRANDS ET LES VIEUX.
Je t'avance cinq kilos de shit. La marge est pour toi.
Je le vends où ?
Où tu veux, mais pas chez moi.
LES PETITS SONT LES OUVRIERS DES GRANDS, LES VIEUX SONT DES GRANDS BIEN EN PLACE OU LÉGÈREMENT SUR LE DÉCLIN.
Tu te démerdes. T'es un garçon débrouillard.
NABIL, C'ÉTAIT UN CRAMÉ.
LES CRAMÉS SONT DES PETITS QUI VEULENT JOUER AUX GRANDS.
Tu trouveras un nouveau marché.
IL S'EST D'ABORD ENDETTÉ. PUIS IL A PRIS DE PLUS EN PLUS DE RISQUES.

Tous les grands ont commencé comme nous et sont montés. Les cramés, ils brûlent les étapes.
Alors, quand est-ce que tu seras chef du réseau ?
Jamais.
Pourquoi ?
Pour être chef, il faut être capable de faire du mal à un ami.
Moi, je ne pourrais pas te faire de mal.
Lui, si.

ON DIT QU'ON NE PEUT PAS ENTRER DANS LES CITÉS.
MOI, JE DIS QU'ON NE PEUT PAS EN SORTIR.
MAIS MOI, UN JOUR, JE SORTIRAI D'ICI.
ET MÊME, JE FERAI SORTIR MA MÈRE D'ICI.
ET MES SŒURS.
ET STYLO.
ON A REÇU LA VISITE DES FLICS.
IL Y AVAIT UN HÉLICOPTÈRE DANS LE CIEL, TROP LOIN POUR QU'ON L'ENTENDE.
TOUT D'UN COUP, IL Y AVAIT DES FLICS PARTOUT. TOUT LE MONDE EST REMONTÉ DANS LES ÉTAGES COMME D'HABITUDE.
MAIS LE GRAND, MÊME AVEC SON SCOOT, IL N'A PAS PU S'ÉCHAPPER. ILS L'AVAIENT COMPLÈTEMENT CALCULÉ, ILS LUI ONT BARRÉ TOUTES LES ISSUES.
ILS ONT PRIS COUSCOUS, MAIS, CE MATIN, ILS L'ONT RELÂCHÉ. ILS NE PEUVENT PAS GARDER LONGTEMPS LES MINEURS.
IL NE SAVAIT PAS S'IL DEVAIT AVOIR HONTE DE S'ÊTRE FAIT CHOPER OU ÊTRE FIER D'AVOIR FAIT SA PREMIÈRE GARDE À VUE.

CE SOIR, STYLO M'A AMENÉ SUR LE TOIT.
Quand j'étais minot, je voulais être cosmonaute. Pas toi ?
IL A FUMÉ COMME UN INCENDIE DE FORÊT. IL EST NERVEUX.
Aujourd'hui, je suis en orbite autour du shit.
IL SAIT QU'IL Y AURA BIENTÔT DU DÉGÂT.
Pas moyen de m'échapper.
Tu ne t'échapperas jamais, Sofiane.
Si tu ne le fais pas maintenant.
LA SEMAINE D'APRÈS, JE SUIS AU COLLÈGE.
LA CONSEILLÈRE ME DEMANDE QUEL MÉTIER JE VEUX FAIRE.
Cosmonaute.
Ça ne va pas être possible, mon garçon !
Ce n'est pas grave, madame. Je ferai pilote de ligne.
À LA RENTRÉE, J'IRAI EN INTERNAT.
JUSTE POUR VOIR OÙ ÇA ME MÈNE.
POUR SORTIR DE LA CITÉ.
NE PAS VIVRE À CRÉDIT.
VIVRE LIBRE.

Petites mains et gros bonnets

Dans le trafic de cannabis, l'organisation du travail est extrêmement pyramidale. Les parcours se jouent à l'ancienneté : on commence guetteur à 14 ans en espérant devenir tête de réseau à 35 ans.

Nacer Lalam est économiste, chargé de recherches à l'Institut national des hautes études de la sécurité et de la justice (INHESJ). Il travaille sur l'économie souterraine et l'offre de drogue.

Sur les réseaux sociaux ou dans les cages d'escalier fleurissent parfois des petites annonces : « Cherche guetteur ». Pour le trafic, le recrutement est un enjeu majeur. Ce n'est pas le seul point commun avec le monde du travail : les organisations criminelles s'appuient sur les ressorts de l'économie libérale.

La comparaison entre l'organisation d'un trafic de drogue et celle d'une entreprise vous semble-t-elle pertinente ?

Ce trafic occupe beaucoup de personnes. Temps de travail, salaires... il y a un faisceau d'indices qui nous permet de faire des parallèles avec l'économie légale. Certaines compétences sont d'ailleurs transférables : la gestion des stocks, la relation à la clientèle, la capacité d'organisation ou de négociation. Plus on monte dans la hiérarchie et plus les compétences de management ou de gestion financière sont éprouvées.

Sauf qu'il n'y a pas de Code du travail...

Tout à fait, il n'y a pas d'âge minimum, pas de filet de sécurité, pas de contrat, l'engagement passe uniquement par la parole. Les différends sont réglés par la menace, ou par l'intervention d'un juge de paix. Lorsque la concurrence est forte, la violence augmente. Au plus bas de l'échelle, les petites mains, ceux qu'on appelle les « smicards du business », sont ceux qui gagnent le moins et qui sont les plus exposés aux services répressifs : douanes et police.

Pourquoi alors se tourner vers le trafic ?

Souvent par nécessité. Ce sont fréquemment des jeunes très peu diplômés avec un bas niveau de qualification et pour qui l'accès au marché du travail est plus compliqué à cause des discriminations, qu'elles soient raciales ou territoriales. En entretien d'embauche, ce n'est pas forcément bien vu de dire que l'on vient de la Castellane. Dans le même temps, il y a une telle situation sociale dans ces cités que le trafic joue un rôle de petit État-providence. Toutes les personnes impliquées ne sont pas dans le dénuement total, mais il y a clairement un problème de ressources. L'argent du deal peut par exemple aider à payer les vacances du petit. Ces comportements sont souvent très rationnels.

IL Y A UNE TELLE SITUATION SOCIALE DANS LES CITÉS QUE LE TRAFIC JOUE UN RÔLE DE PETIT ÉTAT-PROVIDENCE

Il y a aussi de la flambe ?

Oui, nous vivons dans une période consumériste et les jeunes des quartiers ne sont pas épargnés. Le trafic, ça permet d'avoir de l'argent tout de suite et en cash pour se payer le dernier Samsung ou des fringues de marque.

Quelles sont les perspectives de « carrière » ? Les projets pour plus tard ?

Chez la plupart de ces jeunes, on observe une forme de myopie, d'absence de prise en compte du moyen et du long terme. Certains ambitionnent de gravir les échelons pour devenir un jour tête de réseau, mais il y a beaucoup de candidats pour peu d'élus et de fortes chances de passer par la case prison.

DESSIN : LINE HACHEM

© CYRIL BECQUART/ ONLYFRANCE.FR

En 2018, le plus gros réseau de drogue de Marseille a été démantelé dans la cité de la Castellane.

MAKING-OF

« Le journaliste Philippe Pujol enquête depuis 2004 sur les réseaux de la drogue dans les quartiers Nord de Marseille. Il en a tiré une série d'articles publiés dans La Marseillaise*, où il a longtemps travaillé. Cette bande dessinée est en partie issue de ces reportages menés à différents moments dans différentes cités. Pour protéger les protagonistes, les scènes et les lieux et ne sont pas clairement identifiés, tous s'entremêlent et se répondent pour mieux brouiller les pistes. »* La Revue Dessinée

À LIRE

French deconnection, au cœur des trafics, de Philippe Pujol. Une partie des reportages couronnés par le prix Albert-Londres 2014. Éd. Robert Laffont. (2014)

À LIRE

Narcotrafic : La « guerre aux drogues » en question, coordonné par François Polet. Cet ouvrage explore l'impact du trafic sur les régions de production. Éd. Syllepse. (2013)

AU NOM DE LA LOI

La loi sur la liberté de la presse. Le secret des sources ? C'est elle. L'encadrement de la diffamation ? Encore elle. Depuis 1881, le texte protège l'exercice du métier de journaliste. Pourtant, son contenu pourrait se trouver bientôt amputé. Une déconvenue supplémentaire pour une liberté malmenée depuis des siècles.

JEAN-CHRISTOPHE MAZURIE

*Annulée en appel pour défaut de motivation.

POUR LA LIBERTÉ, ON VERRA PLUS TARD.

CE NE SERA PAS SOUS L'ANCIEN RÉGIME, QUI SOUMET LES PUBLICATIONS À AUTORISATION PRÉALABLE, DROITS DE TIMBRE ET CENSURE.

UNE PRESSE CLANDESTINE D'OPINION EXISTE MALGRÉ TOUT, EXILÉE.

PRIVÉS DE POLITIQUE EN FRANCE, LES JOURNAUX SE SPÉCIALISENT.

EN 1777, PARAÎT POURTANT LE PREMIER QUOTIDIEN.

EN 1789, LA RÉVOLUTION FAIT SOUFFLER UN VENT DE LIBERTÉ.

3 000 PUBLICATIONS FLEURISSENT EN UNE DIZAINE D'ANNÉES.

Malesherbes déclarant sa flamme à la liberté de la presse (Allégorie).

EN 1791, LA LOI THOURET LIMITE CES DROITS ET INSTAURE DE NOUVEAUX DÉLITS.
La liberté de la presse se prenant une belle gamelle (allégorie toujours).
EN 1793, SOUS LA TERREUR, LES ÉCRITS JUGÉS ENNEMIS DE LA LIBERTÉ SONT PUNIS DE MORT. POUR LA PRESSE, C'EST L'HÉCATOMBE.
PLAF !!!
LES CHOSES NE S'ARRANGENT PAS SOUS NAPOLÉON. EN 1811, ON COMPTE QUATRE JOURNAUX CONTRE SOIXANTE EN 1789.
Ça va ?
Pas trop.
Tant mieux !
LA RESTAURATION (1814) MARCHE SUR LES TRACES DE L'EMPEREUR ET RETROUVE LES RÉFLEXES DE L'ANCIEN RÉGIME.
Place au come-back de la grosse perruque et de la bouclette !
Je n'y vois rien, cela dit.
Bon. On rétablit la censure, les contraintes financières et les droits de timbre, le délit d'opinion et les procès en correctionnel.
Faut pas nous chercher !
Et rien sur les perruques ?

DE FAIT, EN 1830, LES JOURNALISTES PARTICIPENT ACTIVEMENT À L'AVÈNEMENT DE LA MONARCHIE DE JUILLET.
De toute façon, vous, les journalistes, vous n'avez jamais pu blairer les perruques.
C'est assez réciproque, non ?
DE NOMBREUSES CONTRAINTES DEMEURENT, MAIS LE NOUVEAU RÉGIME SUPPRIME LA CENSURE ET L'AUTORISATION PRÉALABLE.
Si ce n'est pas du « Oui, mais » ça !
Je peux faire mon journal, oui ?
CETTE PÉRIODE, DE 1815 À 1914, EST QUALIFIÉE DE CIVILISATION DU JOURNAL. À PARIS, LE TIRAGE GLOBAL DES QUOTIDIENS S'ENVOLE : 36 000 EXEMPLAIRES EN 1800, CINQ MILLIONS EN 1914. PLUS DE QUATRE MILLIONS EN PROVINCE.
Que de progrès techniques ! Des nouvelles rotatives plus puissantes, le télégraphe et maintenant le morse !
Je ne saisis pas en quoi je peux vous aider.
Je suis bruyant, je suis vulgaire. Je suis l'encart publicitaire !
Chuis Fan !
Foi d'Émile de Girardin, je vais l'imposer dans la presse !
Pas certain que ce soit une bonne nouvelle, les gars.
EN FÉVRIER 1848, LA IIe REPUBLIQUE ACCORDE UNE LIBERTÉ COMPLÈTE À LA PRESSE.
Me voilà, mes chatons !
À LA SUITE DE LA RÉVOLTE DE JUIN 1848 : RÉTABLISSEMENT DU CAUTIONNEMENT, RÉTABLISSEMENT DU TIMBRE, INSTAURATION DE NOUVEAUX DÉLITS.
OUI, MAIS !
Ça va, j'ai compris...
Vous n'aurez pas ma liberté de penser.

SOUS LE SECOND EMPIRE, CONDAMNATIONS ET INTERDICTIONS PLEUVENT SUR LA PRESSE D'OPPOSITION. À TEL POINT QUE LE GRAND AVOCAT RÉPUBLICAIN JULES FAVRE IRONISE :

L'ÉTAU SE DESSERRE TOUTEFOIS DANS LES ANNÉES 1860.

APRÈS LA COMMUNE DE PARIS, RETOUR AUX MESURES LIBERTICIDES.

LE 4 SEPTEMBRE 1870, LA IIIe REPUBLIQUE SE SUBSTITUE ENFIN AU SECOND EMPIRE.

LE 29 JUILLET 1881, LA LOI SUR LA LIBERTÉ DE LA PRESSE EST VOTÉE.

Fini l'autorisation et le cautionnement, fini le délit d'outrage. Les particuliers peuvent porter plainte pour diffamation.

*En 1986, la loi sur la réforme du régime juridique de la presse va considérablement en atténuer la portée.

LESQUELS À L'OCCASION MULTIPLIENT LES PROCÈS CONTRE LES JOURNALISTES OU DEMANDENT DES DOMMAGES ET INTÉRÊTS PHARAONIQUES.

QUANT À LA CLASSE POLITIQUE :

RAISON DE PLUS POUR PROTÉGER LE JOURNALISME D'INVESTIGATION. AINSI EN 2010 :

OUI, MAIS

LA LOI RELATIVE AU RENSEIGNEMENT DESTINÉE À LUTTER CONTRE LE TERRORISME EST PROMULGUÉE LE 24 JUILLET 2015. PERÇUE COMME UNE MENACE POUR LE SECRET DES SOURCES ET POUR LA LIBERTÉ D'INFORMER, ELLE EST DÉNONCÉE PAR DES CENTAINES DE JOURNALISTES.

AU XXIe SIÈCLE, L'AVÈNEMENT DES QUOTIDIENS GRATUITS, DE LA PRESSE EN LIGNE ET DES RÉSEAUX SOCIAUX INTERROGE : LA LOI DE 1881 EST-ELLE ADAPTÉE À CETTE AVALANCHE D'INFORMATIONS ?

* Somme demandée par Vincent Bolloré à France 2.

DÉBUT DE SIÈCLE PARADOXAL QUI VOIT DES MILLIONS DE FRANÇAIS MANIFESTER DANS LA RUE LEUR ATTACHEMENT À LA LIBERTÉ D'EXPRESSION, TANDIS QUE CROÎT UNE SUSPICION TEINTÉE DE HAINE À L'ENDROIT DES JOURNALISTES.

LA FRANCE OCCUPE UNE PITEUSE 32e PLACE SUR 180 PAYS DANS LE CLASSEMENT MONDIAL 2018 DE LA LIBERTÉ DE LA PRESSE PUBLIÉ PAR REPORTERS SANS FRONTIÈRES.

DANS LE MONDE EN 2018, TOUS LES CHIFFRES SONT AU ROUGE : 80 JOURNALISTES TUÉS, 380 EN DÉTENTION, 60 RETENUS EN OTAGES.

FRANCE, MAI 2019 : 300 JOURNALISTES DÉNONCENT, DANS UNE TRIBUNE, LES VIOLENCES POLICIÈRES DONT ILS FONT L'OBJET LORS DES MANIFESTATIONS.

PHOTO

instantané

Baiser volé. New York, 14 août 1945. Les Américains célèbrent la capitulation du Japon, un jeune marin embrasse fougueusement une infirmière. Le photojournaliste Alfred Eisenstaedt presse le déclencheur. Son cliché fait le tour du monde, mais, derrière le baiser hollywoodien, se cache une histoire qui n'a rien de romantique.

CAMILLE DROUET AMÉLIE FONTAINE

QUELQUES JOURS APRÈS LES BOMBARDEMENTS DE HIROSHIMA ET NAGASAKI, LES NÉONS DE TIMES SQUARE AFFICHENT LA CAPITULATION NIPPONE. CELLE-CI MARQUE LA FIN DE LA SECONDE GUERRE MONDIALE, SIX ANNÉES DE CONFLIT QUI ONT FAIT SOIXANTE MILLIONS DE MORTS : LE PEUPLE AMÉRICAIN EXULTE.

AVEC SON LEICA, ALFRED EISENSTAEDT SORT CAPTER LA LIESSE POUR LE MAGAZINE « LIFE ». EN UNE PHOTO, L'ALLEMAND QUI A FUI LE NAZISME EN 1935 RÉSUME L'ÉTAT D'ESPRIT D'UN PAYS.

LE COUPLE A TOUT POUR DEVENIR UNE ICÔNE DE LA FIN DE LA GUERRE. LUI SYMBOLISE TOUS CES GAMINS QUI NE SERONT PLUS ENVOYÉS AU FRONT. ELLE, CES FEMMES QUI N'ATTENDRONT PLUS. DERRIÈRE EUX, LA PERSPECTIVE QUI S'OUVRE SUR TIMES SQUARE, C'EST L'AMÉRIQUE TOUT ENTIÈRE.

LE CONTRASTE ENTRE LA TENUE BLANCHE DE L'INFIRMIÈRE ET L'UNIFORME NOIR DONNE SA FORCE AU CLICHÉ, DÉTACHANT LES DEUX SILHOUETTES AU CENTRE DE L'IMAGE.

LES VISAGES DES PASSANTS HILARES QUI OBSERVENT LA SCÈNE DIRIGENT ENCORE DAVANTAGE LE REGARD SUR LE COUPLE.

LA POSITION DES CORPS DIT LA FUGACITÉ DE L'INSTANT ET CONFÈRE À L'ÉTREINTE DE FAUSSES ALLURES DE BAISER DE CINÉMA.

L'IDENTITÉ DES PROTAGONISTES FAIT ENCORE DÉBAT. UNE DOUZAINE D'HOMMES ET TROIS FEMMES ONT AFFIRMÉ APPARAÎTRE SUR LA PHOTO. PARMI ELLES, GRETA FRIEDMAN, ASSISTANTE DENTAIRE, QUI DÉCLARE QU'ELLE N'A NI CHERCHÉ NI RENDU CE BAISER.

EN 1969, DANS SES MÉMOIRES, ALFRED EISENSTAEDT SEMBLE ATTESTER SA VERSION : « J'AI REPÉRÉ UN MARIN QUI EMBRASSAIT TOUTES LES FILLES QU'IL CROISAIT. J'AI REMARQUÉ CETTE INFIRMIÈRE AU MILIEU DE LA FOULE. JE ME SUIS CONCENTRÉ SUR ELLE ET, COMME JE L'ESPÉRAIS, LE MARIN S'EST APPROCHÉ, L'A PENCHÉE EN ARRIÈRE ET L'A EMBRASSÉE. »

À BIEN Y REGARDER, LA MAIN TENDUE DE LA JEUNE FEMME AGRIPPE FERMEMENT SA ROBE REMONTÉE PAR L'ÉTREINTE SERRÉE QUI ÉCRASE SON VISAGE ET CONTRAINT SON CORPS.

L'UN DES BAISERS LES PLUS CÉLÈBRES DE L'HISTOIRE NE SERAIT RIEN D'AUTRE QU'UNE AGRESSION SEXUELLE ?

emmaüs

À L'OMBRE DE L'ABBÉ PIERRE

Marie Pragout · Hélène Aldeguer

En novembre 2019, cela fera soixante-dix ans que l'abbé Pierre a créé la première communauté Emmaüs. Depuis, les hangars emplis d'un fatras d'objets ressuscités, de vaisselle dépareillée et de meubles retapés ont essaimé dans une trentaine de pays. Lieux de vie et de travail, d'emplettes et de partage, en France, les 119 communautés accueillent aujourd'hui près de cinq mille compagnons-chiffonniers. Chacun a déjà entendu au moins une fois l'histoire fondatrice, celle de l'abbé Pierre tendant la main à un ancien détenu qui voulait en finir. *«J'ai fait pour ainsi dire le contraire de la bienfaisance,* racontera-t-il plus tard. *Au lieu de dire : "Tu es malheureux, je vais te donner un logement, du travail, de l'argent." Je ne pus que lui dire, parce que c'était la réalité : "Je n'ai rien à te donner, sauf mon amitié, et mon appel à partager mes efforts pour ensemble sauver d'autres."»*

une contestation en actes

Faire contre mauvaise fortune bon cœur, l'idée est aussi astucieuse qu'ambitieuse car elle apporte ce qu'aucune œuvre de charité ne peut donner : un sens à l'existence. Le compagnon, traité d'égal à égal, n'est pas bénéficiaire d'un don, il devient acteur d'un projet. *«Si cela un jour était oublié, Emmaüs n'existerait plus»,* précisait l'abbé. La première communauté, celle de Neuilly-Plaisance (Seine-Saint-Denis), naît donc en 1949, au lendemain de la Seconde Guerre mondiale. La France est alors confrontée à une grave crise du logement, l'époque est au désenchantement.
Basé sur des valeurs d'entraide et de solidarité, pensé en réaction à une montée de l'égoïsme et du matérialisme, le projet de société porté par Emmaüs est perçu comme une contestation en actes. Contestation de l'individualisme par la vie en communauté, contestation de la doctrine économique par le travail désintéressé et le réemploi des objets, contestation du formalisme administratif par le refus des allocations et des subventions. Une autre anecdote, elle aussi mille fois racontée, illustre ce penchant subversif : à ceux qui lui réclamaient des permis de construire pour l'installation de nouvelles communautés, l'abbé Pierre opposait *«le permis de vivre».*

ni bénévole ni salarié

Au fil des décennies, la dimension contestataire du mouvement s'est émoussée. Signe qu'aujourd'hui l'association ne bouscule plus : le droit s'adapte à elle. Depuis 2008, les compagnons bénéficient d'un statut sur mesure, celui *«des personnes accueillies dans des organismes d'accueil communautaire et d'activités solidaires».* Ce n'est autre que Martin Hirsch, l'ancien président d'Emmaüs France, qui a glissé cet amendement dans le Code de l'action sociale et des familles. Avec ces quelques lignes, la promesse de *«vies dignes»* et un objectif d'insertion aux contours très flous remplacent le contrat de travail, le salaire minimum et le droit au chômage. Le motif de ce régime d'exception? *«Mettre un terme à la situation de "ni-ni": ni bénévole ni salarié»,* expliquait le même Martin Hirsch, lorsqu'il était haut-commissaire aux solidarités actives contre la pauvreté. *«Ils sont travailleurs solidaires, c'est autre chose, ils sont dans un autre droit, il y a plein de droits différents»,* poursuivait-il avant de défendre mollement son amendement: *«Ce qu'on cherchait c'était un "moins excluant", je pense que c'est moins excluant que si ça n'existait pas.»*
Loin de faire trembler les pouvoirs publics, Emmaüs bénéficie aujourd'hui des faveurs

des décideurs. Et pour cause, l'institution prend à sa charge la grande misère, celle dont les gouvernements ne savent que faire. Quand les centres d'hébergement d'urgence affichent complet, les milliers d'hôtes d'Emmaüs sont autant d'individus qui ne dorment pas à la rue. Ou l'art de cacher aux regards indignés les failles d'un modèle de développement qui ne fait pas que des gagnants.
En théorie, Emmaüs n'est qu'un tremplin pour reprendre pied dans la société. En théorie, l'association ne cherche pas la rentabilité. En théorie, le travail n'est qu'un moyen, jamais une fin, et la communauté ne recrute pas, elle accueille. En théorie toujours, un passage par Emmaüs redonne de la confiance et de l'autonomie…
« Je veux sortir d'ici. Je suis coincé dans cette communauté. Pouvez-vous m'aider ? »
La petite phrase interceptée au détour d'une livraison a mis la puce à l'oreille de notre journaliste qui, pendant sept mois, a mené l'enquête de communauté en communauté, d'Angoulême aux Bouches-du-Rhône en passant par Vesoul, avec en tête une interrogation : et si l'enfer était pavé de bonnes intentions ?

Adrienne !
Mon frère !
Demain, je vais à Paris !
Je t'enverrai des photos de la tour Eiffel !
emmaüs
Je Suis Parce Que Nous Sommes
Ah, aujourd'hui, c'est hyper bon !
On nous a gâtés !

Salle de repos.
Je suis arrivé il y a quinze jours.
Je viens de me séparer.
Ici, on te tend la corde.
Soit tu te pends avec, soit tu t'y accroches pour sortir de la galère.
J'étais à Emmaüs quand j'avais 20 ans...
... Ils m'ont vraiment sorti de la merde.
Maintenant, j'y reviens par choix.
Je compte y rester un moment.

« Aide-moi à aider les autres. » Cette petite phrase, prononcée par l'abbé Pierre à un ancien détenu au bord du suicide, serait à l'origine de la première communauté Emmaüs, créée en 1949. Depuis, toute personne, avec ou sans papiers, peut intégrer une communauté : en théorie, l'accueil est inconditionnel et illimité.

* Revenu de solidarité active.

Les entrepôts.
Ici, tu trouves tes repères. En France, les gens vivent seuls. Chez moi, en Algérie, on vit toute sa vie avec papa, maman, ses frères et ses sœurs, dans le même logement.
La communauté, c'est comme le prolongement de la famille en Afrique.
Sauf qu'ici la famille est ouverte, alors que là-bas elle est fermée.
La France est un pays social. On ne devient pas riche. Mais on vit tranquille !
Ça me rappelle une phrase célèbre : « La France, elle n'est pas riche, mais elle est heureuse ! »

Je suis compagnon dans la communauté depuis trois ans, et manageur depuis deux.
Je n'ai pas de papiers.
En trois ans, j'ai reçu deux formations : pour conduire un chariot et pour les premiers secours.
Il n'y a pas d'horaires, mais dans le mouvement Emmaüs, c'est comme ça.
En communauté, tu donnes...
Je gagne 350 euros plus une prime de manageur de 150 euros.
Pour moi, c'est de l'argent de poche.
Je n'ai aucune charge. J'ai économisé 6 500 euros.
J'ai des projets.
Un jour, je voudrais devenir responsable de communauté.

* Ils sont soumis au Code de l'action sociale et des familles.
** Ancien président d'Emmaüs (2002-2007), il dirige depuis 2012 l'Assistance publique-Hôpitaux de Paris (AP-HP).

* « Les relations professionnelles dans le milieu associatif. Le cas des communautés du mouvement Emmaüs. » 2012.

Lendemain matin, 8 heures. Réunion de travail hebdomadaire.
Vous avez des choses à dire ?
Oui ! J'aimerais que la formation soit un sujet pris au sérieux.
Ça fait longtemps que j'en demande une.
Tu veux des cours de quoi ?
D'informatique. J'ai appris à envoyer des mails. C'est insuffisant.
Xavier, responsable de communauté.
Je n'apprécie pas beaucoup que tu dises qu'on ne prend pas ça au sérieux.
Nous, on entend ça un peu comme une provocation !
Sidonie, coresponsable.
Amandine, assistante sociale.
Le centre social propose beaucoup de choses. On ne peut pas tout faire ici. Il faut aller là-bas.
On a deux jours de congés : le dimanche et le lundi. Ces jours nous servent à régler des problèmes personnels !

On n'a pas le temps de sortir pour prendre des cours.
Il faudrait que ce soit sur place.
C'est à vous de vous organiser, de faire des choix.
bé Pierre
2-2007
On ne peut pas partir du travail en disant : « J'ai un cours... »
Sidonie.
GLOBALISATION
FRATERNITY
... Il ne faut pas attendre que tout vous tombe dans le bec...
... Vous avez déjà les soirs et le week-end pour vous former !
Il n'y a pas de cours le dimanche...
... Les profs sont en week-end.

En France, plus d'un quart des compagnons travaillent en communauté depuis plus de dix ans. Certains y sont présents depuis plus de trente ans.
Au sein du syndicat SUD, Margaux Leduc Leroy était chargée du dossier Emmaüs de 2009 à 2016. Elle fait le même constat :

« Il y a une confusion flagrante entre le statut de salarié compagnon et le bénévolat associatif. On ne fait attention ni aux heures supplémentaires ni au Code du travail. »
EMMAÜS
Le management se fait à l'affect.
Les valeurs de solidarité sont là et elles vous poussent à aller plus loin.
Et quand survient un désaccord, les pratiques sont proches du harcèlement moral, avec vexations...
... et mises à l'écart.

Communauté d'Angoulême.
Amandine, assistante sociale.
Bonjour, Alyoun.
C'est vrai qu'un compagnon peut être exclu du jour au lendemain.
Il peut y avoir des comportements rédhibitoires comme des bagarres ou l'alcoolisation.
Et, parfois, quand une personne ne convient pas, le groupe est le thermomètre...

* À sa demande, le prénom a été changé.

Yvan...
J'en peux plus de ce foutoir !
Il y a que moi qui fais le ménage !
T'es mon pote, mais il y a des limites !
Oh mais arrête...
Tu te la pètes !
TIENS !!!
!!!

Aïïïe !!!
Putain !!!
Ma main !!!

CLAC !
PIN PON !
PIN PON !
Le lendemain matin.

Denis, ton comportement n'est pas admissible.
Dans le bureau de Xavier, le responsable de la communauté.
Je suis désolé. Mais c'est mon premier faux pas.
On avait bu un peu, c'est Noël. Je ne suis pas seul dans l'histoire !
Il m'a frappé, je ne m'y attendais pas du tout, j'ai répondu.
J'ai plusieurs os de la main cassés. Je ne pourrai pas l'utiliser pendant au moins six mois.
Yvan sera viré aussi, de toute façon. Tiens, je te donne ton pécule pour décembre.
50

1. EXTRAIT DU RAPPORT D'AUDIT INDIGO.

Dans une autre communauté, à Vesoul (25).
Il y a un fossé entre les valeurs qu'on imagine et la réalité...
Emmaüs
C'est dans tous les milieux comme ça, je suppose...
... Quand on postule à Emmaüs, on mise sur les valeurs de l'abbé Pierre.
Mais on n'est pas chez l'abbé Pierre ! Juste à Emmaüs.
Mme Maigret, responsable de la communauté.
Ce n'est peut-être pas non plus la panacée.
On met beaucoup en avant les valeurs de fraternité et de solidarité...
Mais on fait se croiser des gens qui ont besoin d'être aidés, les compagnons, avec d'autres qui ont souvent aussi besoin d'aide, les bénévoles.
Ce n'est pas le plus gênant, mais cela me questionne...

* À l'inverse des compagnons, eux dépendent du Code du travail.

1. RAPPORT D'AUDIT EMMAÜS FRANCE " UN AVENIR RESPONSABLE POUR LES RESPONSABLES D'AVENIR ". 2. RAPPORT RÉALISÉ PAR LE CABINET INDÉPENDANT INDIGO EN FÉVRIER 2012.

* Dans les scènes suivantes, les prénoms ont été changés.

Ce qui m'a heurtée, c'est la manière dont étaient traités les compagnons...
... parfois obligés de laver la voiture du responsable de communtauté.
7h30
Bonjour tout le monde !
Je devais accepter des horaires de fou et fermer ma gueule sur ce que je voyais.
Et puis, un jour, j'ai assisté à un entretien du responsable avec un compagnon, malade d'un cancer.
Écoute, Mourad...

Fouad, responsable de communauté.
Mourad, je comprends que tu sois malade, mais tu ne vas pas rester dans ta chambre...
J'ai vu le médecin ! Je dois aller à l'hôpital trois fois par semaine pour des dialyses. Il m'a dit de bouger le moins possible entre les séances.
Nous, on le connaît bien, ce médecin. Il ne nous a jamais dit que tu ne pouvais rien faire...
Il m'a dit que ce n'est pas rien, quand même.
Inès, une des coresponsables.
On ne va pas te garder à ne rien faire. Tu sais que tu es payé !
Oui, mais c'est mon droit...
Ici, tu es chez Emmaüs, ce n'est pas une entreprise comme les autres...
Et puis, il y a eu cet autre entretien...
François, tu sais, ton arrêt de travail...
Il faut y retourner.

Vendredi, ton magasin n'a fait que 49 euros.
Les arrêts de travail, ça ne compte pas chez nous !
Il est parti deux jours plus tard, écœuré.
Maintenant, j'essaye de l'aider à trouver un logement.
Depuis, beaucoup de compagnons m'ont appelée. Je suis plus efficace en étant dehors qu'à l'intérieur d'Emmaüs.
J'ai retrouvé un travail dans le public. Au moins, ici, les règles sont claires.
Margaux Leduc : « Beaucoup de compagnons nous ont contactés. Quand ils s'organisent, qu'ils revendiquent des horaires précis de travail, qu'ils veulent dire qu'ils sont maltraités par tel responsable de communauté, on estime qu'ils remettent en cause les valeurs du mouvement. Alors on les éjecte. »

1. RAPPORT DE FÉVRIER 2012 DU CABINET D'AUDIT INDIGO, MISSIONNÉ PAR LE CHSCT EN 2010. 2. PAR LE CABINET D'AUDIT INDÉPENDANT INDIGO.

D'autres adhèrent sans réserve.

Yahya El Baroudi, responsable de communauté itinérant et représentant du personnel SUD à l'Association de communautés d'Emmaüs (ACE), salarié d'Emmaüs depuis 2004.
Emmaüs est une entreprise comme les autres.
On salarie, on licencie. Il y a les mêmes rapports de dominant et de dominé.
J'ai accompagné, y compris devant les tribunaux, un certain nombre de salariés dans la merde. C'est dommage, on aurait pu créer un collectif, dénoncer et faire changer les choses ensemble.
Mais il y a de la pression.
Mon boulot maintenant est de m'assurer qu'il y a une cohérence entre ce que dit Emmaüs aux pouvoirs publics et la pratique.

Aujourd'hui, il y a des communautés où l'on peut foutre à la porte quelqu'un parce qu'il parle de ses droits.
Certaines communautés sont des zones de non-droit où l'on fait ce qu'on veut avec les compagnons.
Ce n'est pas le message de l'abbé Pierre : il voulait que les gens retrouvent une vie digne...
Aujourd'hui, Emmaüs surfe sur son image. Il n'y a aucun contrôle. Personne n'ose critiquer.
Tant qu'on restera dans l'ombre de l'abbé Pierre, tant qu'on conservera religieusement sa mémoire comme une relique...
... on ne pourra pas évoluer.

Et, pourtant, il faudrait que soit effectué un contrôle objectif sur les pratiques en communauté.
Les audits, la mise en demeure de l'Inspection du travail... Tout ça n'a rien changé.
Les rapports ont été enterrés.
Un collègue, Philippe Huart, a fait une grève de la faim
Il a fini par négocier son départ.

D'autres syndicalistes sont partis avec des sommes entre 30 000 et 50 000 euros.
Il ne reste plus que moi...
En raison de mon engagement, j'ai été au placard pendant deux ans.
Maintenant, je fais des remplacements partout en France chaque semaine...
... et je fais bien la différence entre ma vie privée et ma vie professionnelle.

Au siège d'Emmaüs, à Montreuil (93).
EMMAÜS
EMMAÜS
Michel Frederico, vice-président d'Emmaüs France chargé des communautés, ancien compagnon et responsable de communauté dans l'Ariège.
Bonjour !
Venez, nous allons nous installer dans le séjour.
Je dors au-dessus. J'ai mon lit dans la chambre juste là.
Y a-t-il eu des changements depuis l'audit interne de 2012 ?
Un autre audit, cette fois indépendant, évoque une « organisation pathogène »...
Nous agissons lentement. Nous ne sommes pas une organisation qui impose. Nous faisons des préconisations. C'est donc long et difficile parfois.
C'est leur vision à eux. Ces résultats, on peut les accepter ou pas. Je réfute le terme de « pathogène ».

Plusieurs personnes m'ont dit qu'on pouvait exclure un compagnon d'Emmaüs sans préavis. Pourquoi ne pas respecter les principes du Code de travail ?
On peut exclure quelqu'un s'il contrevient aux valeurs.
Ne pas garder ne signifie pas mettre dehors systématiquement
On peut aussi leur trouver une place dans une autre communauté.
Concernant le Code du travail, si les compagnons en dépendaient, on fermerait. On aurait beaucoup trop de charges.
Notre système économique ne tiendrait pas le choc.
Vous avez une mission d'insertion, qu'en est-il aujourdhui ?
Attendez ! Ne commettez pas d'erreur, ne dites pas de choses qui sont fausses !
En aucun cas, on ne fait de l'insertion !
Notre cœur d'activité n'est pas basé sur l'insertion mais sur l'accueil et l'accompagnement.
Comment bien accueillir et accompagner des personnes parfois en souffrance morale et psychique quand le responsable de communauté a une formation généraliste ?
30 % des communautés n'ont pas d'assistant social... Pendant des années, les responsables ont fait comme ils ont pu. C'est parfois difficile. Cela fait longtemps que je soulève le problème.

Bon, ça suffit !
Faites attention à ce que vous allez écrire.
Je refuse de continuer. Vous êtes à charge !
CLAC !
Nous enverrons ensuite d'autres questions par mail à la direction d'Emmaüs France, sans réponse.
La directrice de la communication a démissionné de ses fonctions un mois plus tard, en décembre 2018. Elle portait, elle aussi, un regard critique sur l'organisation :
« L'association est très bien vue, très aidée par les députés. Elle ne demande pas de subventions et, en plus, elle fait bosser les pauvres !
En même temps, c'est un modèle qui se défend. Il est simple : faire rimer fierté et pauvreté. »

La solidarité rafistolée

Consciente des dysfonctionnements de plusieurs communautés, la fédération Emmaüs tente d'impulser des changements. Insertion professionnelle, droit des personnes sans papiers : quelques progrès ont été obtenus à l'arraché.

Au sein du mouvement Emmaüs, le décalage entre les pratiques et les valeurs est un secret de Polichinelle. Certains compagnons ne se font plus d'illusions, de nombreux responsables de communauté sont conscients de ne pas répondre à la promesse d'accueil inconditionnel et à l'ambition d'insertion. Depuis quelques années, la fédération elle-même a enclenché une timide remise en question. Mais face à l'autonomie des communautés, sa marge de manœuvre est ténue.

UN MEA CULPA À PETITS PAS

« Certaines communautés rencontrent des problèmes, mais nous ne pouvons pas intervenir sur toutes en même temps, confie Agnès Ragot, déléguée générale adjointe chargée des communautés à Emmaüs France. *Nous travaillons avec les acteurs locaux pour résoudre les situations enkystées. »*

LES SAGES S'EN MÊLENT

« Concernant le projet de société alternatif que nous voulons construire, il faudrait une réflexion sur nos pratiques et nos comportements au sein de nos groupes, reconnaît le comité des sages d'Emmaüs France dans son rapport d'activité 2018. *L'accueil des donateurs et des nouveaux bénévoles est-il à la hauteur des valeurs que nous proclamons ? L'aspect financier prend le pas sur l'humain. »*

LES COMPAGNONS DONNENT DE LA VOIX

Un collège national des compagnes et compagnons Emmaüs se réunira pour la première fois à l'automne 2019. Son rôle sera consultatif, sans pouvoir décisionnaire, mais il *« relayera la participation des compagnes et compagnons dans le mouvement »*. « *Inédit* », ce collège *« leur donne le pouvoir de s'exprimer, débattre et proposer »,* résume la lettre d'information d'Emmaüs France.

UN PEU DE RECONNAISSANCE !

Le travail de lobbying auprès des élus locaux et nationaux a abouti à quelques nouveaux droits. Depuis le 1er août 2018 et la loi Avenir professionnel, les compagnons peuvent faire reconnaître leur expérience professionnelle par la validation des acquis de l'expérience (VAE) après au moins douze mois de travail en communauté.

TERRE D'ASILE

Emmaüs accueille de nombreux exilés. En 2018, l'association a remporté une bataille fondamentale pour les droits des personnes sans papiers : celles qui travaillent depuis plus de trois ans au sein d'une communauté peuvent désormais prétendre, à titre exceptionnel, à être régularisées. Cette disposition, réclamée de longue date par l'association, a été actée dans un amendement de la loi Asile-immigration. Depuis son entrée en vigueur, la mesure a bénéficié à plus d'une cinquantaine de compagnons.

PORTES CLOSES

Dans les communautés Emmaüs, l'accueil est censé être inconditionnel et illimité, mais 700 demandes sont rejetées en moyenne chaque semaine. La plupart des refus sont motivés par le manque de place. Une meilleure insertion permettrait de pallier ce problème.

DESSIN : AMÉLIE GRAUX

MAKING-OF

« Je suis tombée sur ce sujet par hasard, lorsque deux compagnons d'Emmaüs ont emporté des meubles que je donnais. Nous avons partagé un thé. L'un d'eux m'a expliqué qu'il se sentait piégé et tenu à l'écart de tout dans la communauté. Pendant sept mois, j'ai interviewé des compagnons et des responsables de communautés. J'y ai trouvé un creuset de la société, des gens dignes, parfois unis comme une famille, et d'autres, tout aussi dignes, mais profondément blessés d'avoir été rejetés de la communauté. Plus globalement, j'ai été marquée par la grande ambivalence de ce modèle. »
Marie Pragout

À VOIR

Emmaüs : le business de la misère ?, de Gabrielle Drean. Une enquête de six mois marquée par une infiltration, en caméra cachée, dans une communauté. Canal+. (2015)

À LIRE

Emmaüs et l'abbé Pierre, d'Axelle Brodiez-Dolino. Comment la petite association de chiffonniers est-elle devenue l'une des plus grandes organisations françaises de solidarité ? Éd. Presses de Sciences Po. (2009)

DROIT DE SUITE

RETOUR SUR

Le scandale Cambridge Analytica. Mardi 10 avril 2018 : une scène sans précédent se déroule au Sénat américain. Mark Zuckerberg, engoncé dans un costume-cravate inhabituel, fait face à une dizaine de parlementaires passablement agacés. Il est loin, le temps où le patron de Facebook, premier réseau social du monde avec plus de deux milliards d'utilisateurs, symbolisait le génie de la Silicon Valley...

MARTIN UNTERSINGER NICOBY

MARK ZUCKERBERG DOIT, CE JOUR-LÀ, RÉPONDRE D'UN SCANDALE QUI ÉBRANLE SON ENTREPRISE TOUT ENTIÈRE : UNE SOCIÉTÉ PROCHE DE DONALD TRUMP, CAMBRIDGE ANALYTICA, A SIPHONNÉ LES DONNÉES DE 87 MILLIONS D'UTILISATEURS SANS LEUR CONSENTEMENT.
C'ÉTAIT UNE GROSSE ERREUR. C'ÉTAIT MON ERREUR. JE SUIS DÉSOLÉ.
CETTE SOCIÉTÉ EST SOUPÇONNÉE D'AVOIR UTILISÉ CES INFORMATIONS POUR DIFFUSER DES PUBLICITÉS POLITIQUES ULTRA-CIBLÉES SUR LE RÉSEAU SOCIAL, CONTRIBUANT À LA VICTOIRE DE DONALD TRUMP EN 2016.

16 29 567 4852
4517 5 2 0824
Christopher Wylie
Accueil
À propos
J'aime
S'abonner
Partager
Envoyer un...
LRD
Les méfaits de Cambridge Analytica avaient déjà été évoqués dans la presse fin 2017, mais en s'affichant en une de l'hebdomadaire britannique « The Observer », Christopher Wylie donne un visage au scandale.
Travaille chez Cambridge Analytica
The Observer
The Cambridge Analytica Files.
83 commentaires
Enfin quelqu'un qui parle !
Très belle couverture !
JE NE SUPPORTE PLUS D'AVOIR CONTRIBUÉ À CRÉER "L'OUTIL DE GUERRE PSYCHOLOGIQUE ET DE MANIPULATION MENTALE" DE STEVE BANNON (L'ÉMINENCE GRISE DE DONALD TRUMP).
Christopher Wylie n'est plus ami avec Steve Bannon.

LE FARDEAU DE LA RESPONSABILITÉ NE DOIT PAS PESER SUR L'UTILISATEUR...
...MAIS SUR LES ENTREPRISES QUI GAGNENT DE L'ARGENT AVEC LEURS PLATEFORMES.
Christopher Wylie n'est plus ami avec Mark Zuckerberg.
LRD
Depuis il a été entendu à de nombreuses reprises par des parlementaires en Europe et aux États-Unis.
C. Wylie. Ne travaille plus chez Cambridge Analytica.
JE TRAVAILLE MAINTENANT CHEZ H&M.
Wylie Office
ANNONCE
H&M
BUY 1 GET 1 FREE!
Contenu sponsorisé

Donald J. Trump
Accueil
À propos
TRUMP
MAKE AMERICA GREAT AGAIN!
J'aime
S'abonner
Partager
Acheter
www.donaldjtrump.com
LRD
L'ampleur de la polémique aura-t-elle incité Trump à prendre ses distances avec les pratiques les plus agressives en matière de marketing numérique ? Pas du tout : il a choisi Brad Parscale pour piloter sa campagne de réélection de 2020.
News
Donald J. Trump est maintenant ami avec Brad Parscale.
Brad supervisera ma campagne de réélection de 2020.
3 k
GOOD GUY !
67 commentaires
les plus pertinents :
Tiens ! L'homme qui a fait la campagne numérique de Trump en 2016.
Il a tout dit à CBS :
60 MINUTES
J'AI COMPRIS TRÈS TÔT QUE TRUMP GAGNERAIT GRÂCE À FACEBOOK. FACEBOOK A ÉTÉ SA MÉTHODE, L'AUTOROUTE SUR LAQUELLE SA VOITURE A ROULÉ.

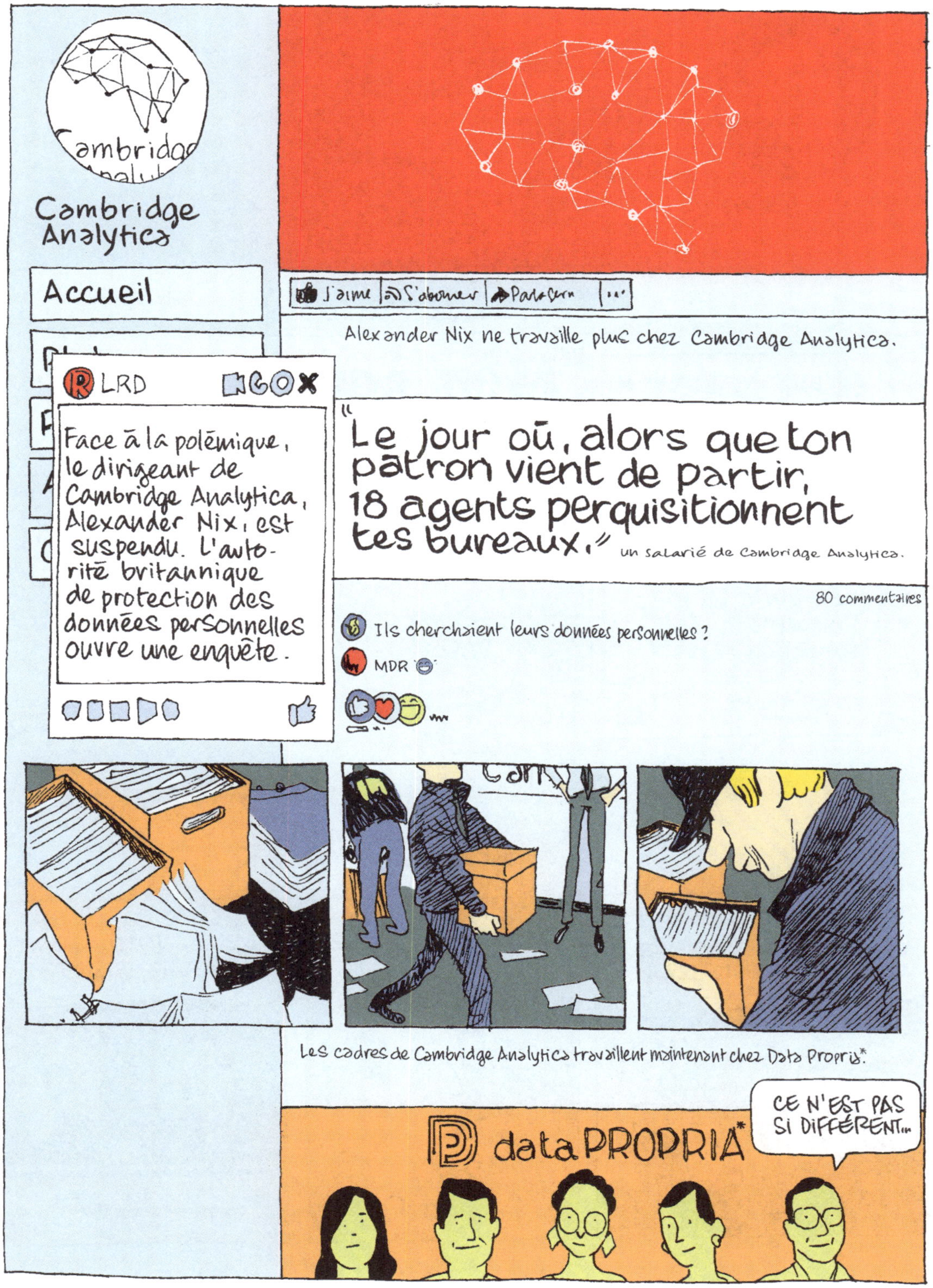

* Société créée dans la foulée du scandale.

Mark Zuckerberg
Journal
À propos
Amis
Photos
Plus
LRD
Malgré les apparences, Mark Zuckerberg sort indemne de son audition au Congrès. Face à des élus dont certains semblent découvrir le fonctionnement de Facebook.
"Mon équipe va revenir vers vous."
87 commentaires
C'est qui le patron?! lol!
JE SUIS DÉSOLÉ...
TechCrunch - le média de la Silicon Valley
"LE TÉMOIGNAGE ENNUYEUX DE ZUCKERBERG EST UNE VICTOIRE POUR FACEBOOK."
MONSIEUR ZUCKERBERG, POUVEZ-VOUS NOUS DIRE À QUEL HÔTEL VOUS ÊTES DESCENDU?
... JE PRÉFÈRE NE PAS RÉPONDRE.
C'EST DE ÇA QU'ON PARLE : VOTRE DROIT À LA VIE PRIVÉE.

DAMIAN COLLINS, LE DÉPUTÉ BRITANNIQUE QUI A MENÉ L'ENQUÊTE, S'INQUIÈTE :
LA DÉMOCRATIE EST MENACÉE PAR LES RÉSEAUX SOCIAUX.
LES GRANDES ENTREPRISES TECHNOLOGIQUES NE SONT PAS À LA HAUTEUR DE LEURS OBLIGATIONS VIS-À-VIS DE LEURS UTILISATEURS...
OUTCH!
DZONG
...NOTAMMENT EN MATIÈRE DE RESPECT DE LA VIE PRIVÉE. ELLES EN SONT CONSCIENTES MAIS NE S'Y ATTAQUENT PAS.
FACEBOOK NOUS A DÉLIBÉRÉMENT MIS DES BÂTONS DANS LES ROUES...
...EN FOURNISSANT DES RÉPONSES INCOMPLÈTES, HYPOCRITES ET TROMPEUSES À NOS QUESTIONS.
FACEBOOK A MONTRÉ QU'ILS N'EN AVAIENT RIEN À FAIRE.
IL N'Y A EU QUASIMENT AUCUNE CONSÉQUENCE POUR LES GENS QUI ENFREIGNENT LA LOI.

APRÈS L'AFFAIRE CAMBRIDGE ANALYTICA :

LE COURS DE LA BOURSE, COURBE DE TEMPÉRATURE DES ENTREPRISES MODERNES, N'A QUASIMENT PAS BRONCHÉ : UN HOQUET, À PEINE. DEPUIS, LA CROISSANCE A REPRIS ET L'ACTION A RETROUVÉ SA VALEUR.

CES DERNIERS MOIS, EN PARTIE À CAUSE DE SA GESTION DES DONNÉES PERSONNELLES, FACEBOOK A PERDU DU TERRAIN AU PROFIT D'INSTAGRAM ET WHATSAPP.
UN EXODE INUTILE : CES DEUX ENTREPRISES ONT ÉTÉ RACHETÉES PAR FACEBOOK.

L'AFFAIRE A CONTRIBUÉ À OUVRIR UN DÉBAT MONDIAL SUR LA VIE PRIVÉE À L'ÈRE NUMÉRIQUE.

« LES GRANDES ENTREPRISES TECHNOLOGIQUES ONT AUJOURD'HUI TROP DE POUVOIR », DÉNONCE LA CANDIDATE À L'INVESTITURE DÉMOCRATE POUR LA PRÉSIDENTIELLE 2020, ELIZABETH WARREN, QUI ENVISAGE MÊME DE « DÉMANTELER AMAZON, FACEBOOK ET GOOGLE ».

Votre commentaire...

UN DEMI-MILLION DE LIVRES**

LES PATRONS DES GÉANTS DU WEB EUX-MÊMES, MARK ZUCKERBERG EN TÊTE, SE METTENT À DÉFENDRE LE RÈGLEMENT GÉNÉRAL SUR LA PROTECTION DES DONNÉES (RGPD)* ALORS QU'ILS LE DÉTESTAIENT IL Y A SEULEMENT QUELQUES MOIS.

C'EST LE MONTANT DE L'AMENDE DONT A ÉCOPÉ FACEBOOK. UNE BAGATELLE À L'ÉCHELLE DES REVENUS ASTRONOMIQUES DE L'ENTREPRISE.

FACEBOOK A FAIT APPEL. DE SON CÔTÉ, L'AUTORITÉ DE RÉGULATION DU COMMERCE AMÉRICAINE, ELLE, POURRAIT IMPOSER À FACEBOOK UNE AMENDE RECORD DE CINQ MILLIARDS DE DOLLARS.

COLOSSAL ? PAS TANT QUE ÇA : LORS DU SEUL PREMIER TRIMESTRE 2019, LE CHIFFRE D'AFFAIRES DE FACEBOOK S'EST ÉLEVÉ À PLUS DE QUINZE MILLIARDS DE DOLLARS.

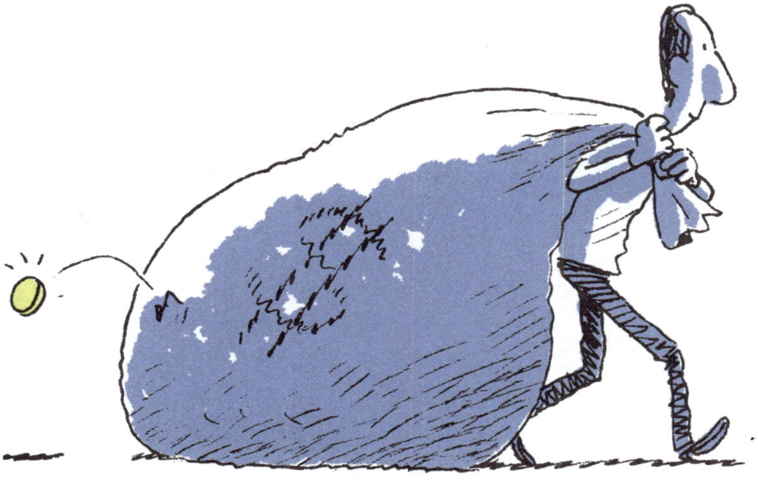

* Mis en place par l'Union européenne. ** Soit environ 555 000 euros.

L'EFFET DOMINO

Plastique. Facile à produire et métamorphosable à l'infini, sa découverte tient du tour de magie ou de l'alchimie. En un siècle et demi, le monde entier s'est emballé pour cette matière miracle. Mais un fléau se cache derrière l'idée de génie et rien ne semble pouvoir arrêter la « plasti-boulimie ».

CÉCILE CAZENAVE MATHIEU BURNIAT

À PARTIR DE LÀ, LES CHIMISTES LÂCHENT LES BRIDES DE LEUR INVENTIVITÉ. POUR LE PLUS GRAND BONHEUR DES INDUSTRIELS...
EN 1935, LA FIRME DUPONT DE NEMOURS INVENTE LE NYLON. CELUI-CI REMPLACE LES POILS DE SANGLIER DES BROSSES À DENTS AVANT DE DEVENIR PARACHUTES POUR LES G.I., PUIS D'ENVELOPPER LES JAMBES DES FEMMES.
DANS LES ANNÉES 1950, LA FIRME PROCTER & GAMBLE COMMERCIALISE LA COUCHE JETABLE.
À LA MÊME ÉPOQUE, L'INGÉNIEUR FRANÇAIS MARC GRÉGOIRE RÉUSSIT À FIXER DU TÉFLON SUR UN DISQUE D'ALUMINIUM. C'EST AINSI QU'APPARAÎT LA POÊLE ANTI-ADHÉSIVE.
LA BOUTEILLE EN PLASTIQUE, DIX FOIS MOINS LOURDE QU'UNE BOUTEILLE EN VERRE, VOIT LE JOUR EN 1963.
APRÈS LE STYLO, LE RASOIR JETABLE DE MARCEL BICH, DIT BIC, DEVIENT, EN 1975, L'ICÔNE DES SALLES DE BAINS MODERNES.
ROLAND BARTHES L'AVAIT PRÉDIT DANS «MYTHOLOGIES», DÈS 1957 : «LE PLASTIQUE EST TOUT ENTIER ENGLOUTI DANS SON USAGE : À LA LIMITE, ON INVENTERA DES OBJETS POUR LE PLAISIR D'EN USER. LA HIÉRARCHIE DES SUBSTANCES EST ABOLIE, UNE SEULE LES REMPLACE TOUTES : LE MONDE ENTIER PEUT ÊTRE PLASTIFIÉ, ET LA VIE ELLE-MÊME, PUISQUE, PARAÎT-IL, ON COMMENCE À FABRIQUER DES AORTES EN PLASTIQUE.»

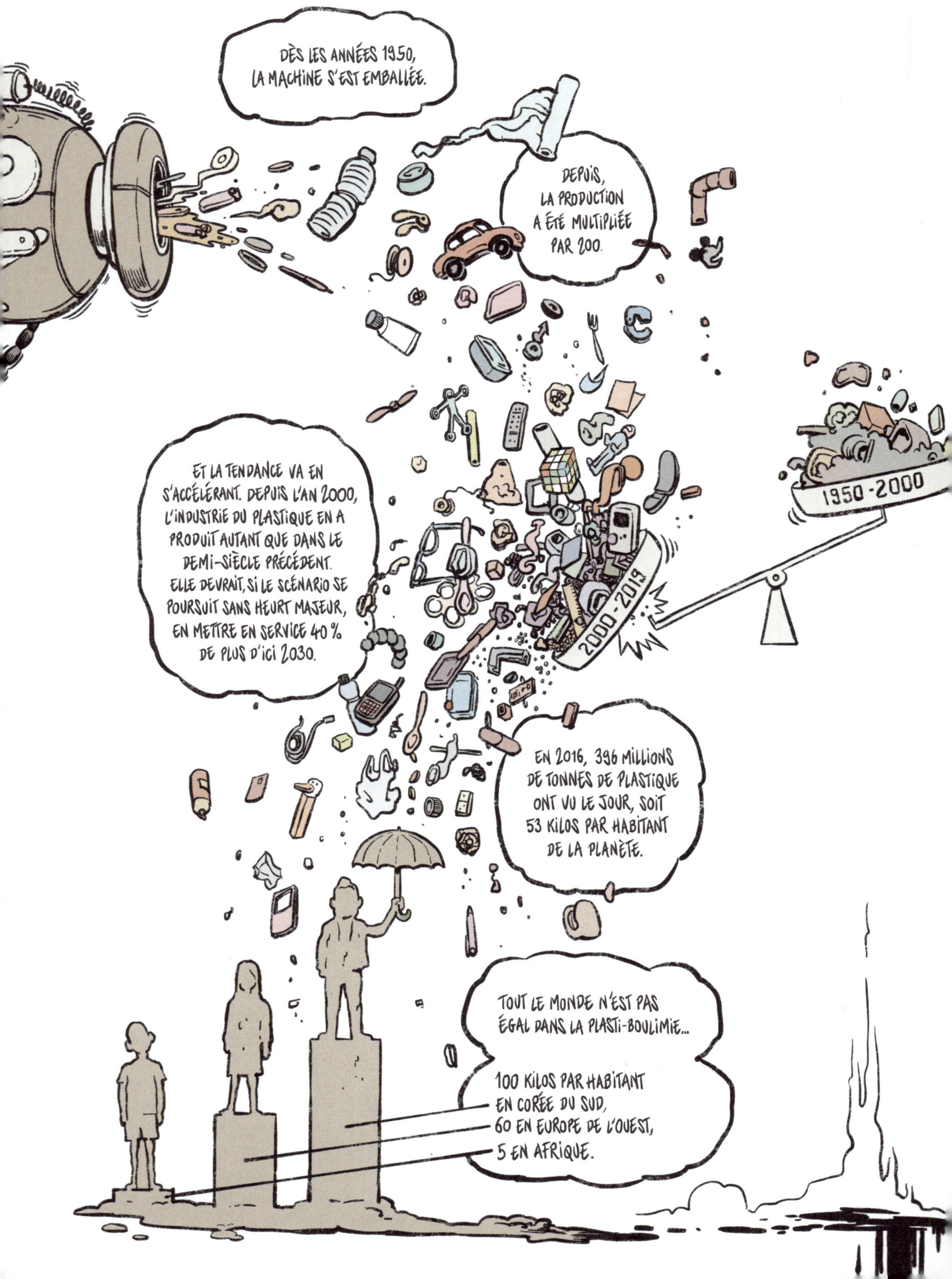
DÈS LES ANNÉES 1950, LA MACHINE S'EST EMBALLÉE.
DEPUIS, LA PRODUCTION A ÉTÉ MULTIPLIÉE PAR 200.
1950-2000
2000-2019
ET LA TENDANCE VA EN S'ACCÉLÉRANT. DEPUIS L'AN 2000, L'INDUSTRIE DU PLASTIQUE EN A PRODUIT AUTANT QUE DANS LE DEMI-SIÈCLE PRÉCÉDENT. ELLE DEVRAIT, SI LE SCÉNARIO SE POURSUIT SANS HEURT MAJEUR, EN METTRE EN SERVICE 40 % DE PLUS D'ICI 2030.
EN 2016, 396 MILLIONS DE TONNES DE PLASTIQUE ONT VU LE JOUR, SOIT 53 KILOS PAR HABITANT DE LA PLANÈTE.
TOUT LE MONDE N'EST PAS ÉGAL DANS LA PLASTI-BOULIMIE...
100 KILOS PAR HABITANT EN CORÉE DU SUD, 60 EN EUROPE DE L'OUEST, 5 EN AFRIQUE.

PREMIER PROBLÈME, LE PLASTIQUE NE TOMBE PAS DU CIEL. LA PLUPART PROVIENT DE LA PÉTROCHIMIE.
À L'AUTRE BOUT DE LA CHEMINÉE, ON TROUVE DONC 2 MILLIARDS DE TONNES DE DIOXYDE DE CARBONE, SOIT 6 % DES ÉMISSIONS MONDIALES.
POUR FABRIQUER QUOI? DES EMBALLAGES, BIEN SÛR! C'EST LE PRINCIPAL SECTEUR D'UTILISATION DEVANT LE BÂTIMENT, LES TEXTILES, LES BIENS DE CONSOMMATION, LES TRANSPORTS, L'ÉLECTRONIQUE.
L'OBJET TOTEM DU PLASTIQUE, C'EST D'AILLEURS LE SAC: 5000 MILLIARDS DE SACS DE COURSES SONT UTILISÉS CHAQUE ANNÉE DANS LE MONDE, SOIT 10 MILLIONS À LA MINUTE! ILS N'AURONT QUE QUELQUES MINUTES DE VIE ACTIVE.
AVEC UNE MATIÈRE PREMIÈRE BON MARCHÉ, POLYVALENTE ET FIABLE, ON PEUT EN EFFET SE PERMETTRE DE CRÉER DES PLASTIQUES À USAGE UNIQUE, C'EST-À-DIRE JETABLES. LA MOITIÉ DU PLASTIQUE PRODUIT AUJOURD'HUI EST UTILISÉ POUR FAIRE DES OBJETS DONT LA DURÉE DE VIE EST INFÉRIEURE À TROIS ANS.
ON SERAIT RASSURÉS, FACE À CETTE MONTAGNE POLYMÉRISÉE, À L'IDÉE QUE LES PLASTIQUES SOIENT RECYCLÉS.
CE N'EST QU'EN PARTIE VRAI.

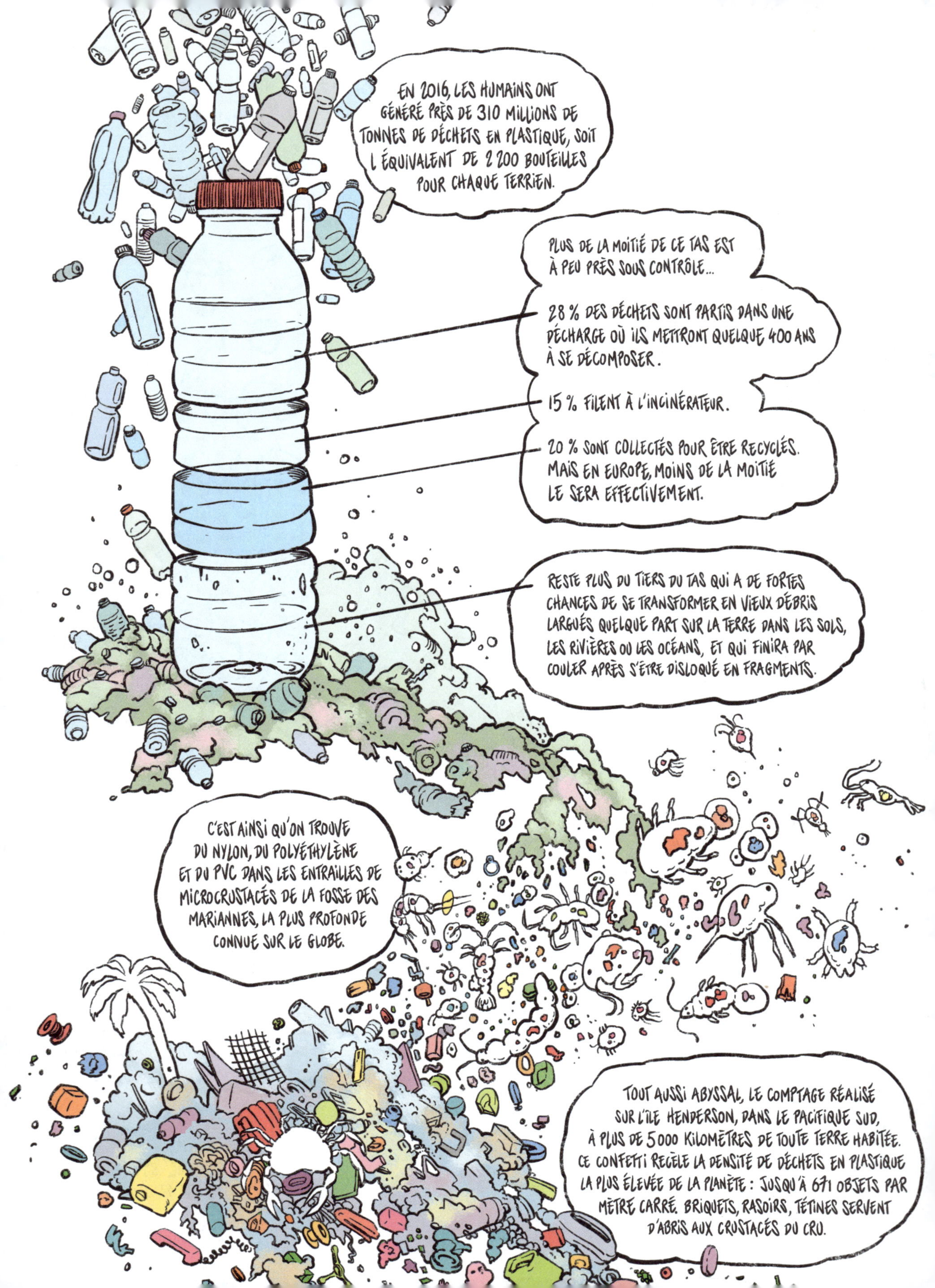
EN 2016, LES HUMAINS ONT GÉNÉRÉ PRÈS DE 310 MILLIONS DE TONNES DE DÉCHETS EN PLASTIQUE, SOIT L'ÉQUIVALENT DE 2 200 BOUTEILLES POUR CHAQUE TERRIEN.
PLUS DE LA MOITIÉ DE CE TAS EST À PEU PRÈS SOUS CONTRÔLE…
28 % DES DÉCHETS SONT PARTIS DANS UNE DÉCHARGE OÙ ILS METTRONT QUELQUE 400 ANS À SE DÉCOMPOSER.
15 % FILENT À L'INCINÉRATEUR.
20 % SONT COLLECTÉS POUR ÊTRE RECYCLÉS. MAIS EN EUROPE, MOINS DE LA MOITIÉ LE SERA EFFECTIVEMENT.
RESTE PLUS DU TIERS DU TAS QUI A DE FORTES CHANCES DE SE TRANSFORMER EN VIEUX DÉBRIS LARGUÉS QUELQUE PART SUR LA TERRE DANS LES SOLS, LES RIVIÈRES OU LES OCÉANS, ET QUI FINIRA PAR COULER APRÈS S'ÊTRE DISLOQUÉ EN FRAGMENTS.
C'EST AINSI QU'ON TROUVE DU NYLON, DU POLYÉTHYLÈNE ET DU PVC DANS LES ENTRAILLES DE MICROCRUSTACÉS DE LA FOSSE DES MARIANNES, LA PLUS PROFONDE CONNUE SUR LE GLOBE.
TOUT AUSSI ABYSSAL, LE COMPTAGE RÉALISÉ SUR L'ÎLE HENDERSON, DANS LE PACIFIQUE SUD, À PLUS DE 5 000 KILOMÈTRES DE TOUTE TERRE HABITÉE. CE CONFETTI RECÈLE LA DENSITÉ DE DÉCHETS EN PLASTIQUE LA PLUS ÉLEVÉE DE LA PLANÈTE : JUSQU'À 671 OBJETS PAR MÈTRE CARRÉ. BRIQUETS, RASOIRS, TÉTINES SERVENT D'ABRIS AUX CRUSTACÉS DU CRU.

CETTE INVASION DE MATIÈRES SYNTHÉTIQUES PRODUIT TOUTE UNE BATTERIE D'EFFETS...
DES COURS D'EAU BLOQUÉS ET PRÊTS À DÉBORDER ;
DES ÉGOUTS BOUCHÉS FOURNISSANT DES AIRES DE REPRODUCTION POUR LES MOUSTIQUES ET LES PARASITES ;
DES SACS PLASTIQUE DANS LES VOIES RESPIRATOIRES ET LES ESTOMACS DE CENTAINES D'ESPÈCES ANIMALES, AU PREMIER RANG DESQUELLES LES DAUPHINS ET LES TORTUES...
PAR BRIBES, ON APPREND QUE DES MICRO ET NANO-FRAGMENTS DE PLASTIQUE SE RETROUVENT DANS LE SEL DE TABLE, L'EAU DU ROBINET ET MÊME L'AIR AMBIANT. AVEC QUELS EFFETS? MYSTÈRE. LES RECHERCHES DÉBUTENT À PEINE.
LES DÉCHETS EN PLASTIQUE, MÊME MICROSCOPIQUES, SONT DEVENUS SI ENCOMBRANTS QU'ILS SONT DÉSORMAIS EN COMPÉTITION POUR DEVENIR LES MARQUEURS D'UNE NOUVELLE ÈRE GÉOLOGIQUE, CARACTÉRISÉE PAR LES CONSÉQUENCES IRRÉMÉDIABLES DES ACTIVITÉS HUMAINES, L'ANTHROPOCÈNE.
DANS LES ANNÉES 1970, DES GÉOLOGUES FRANÇAIS AVAIENT PROPOSÉ SUR LE TON DE L'HUMOUR UNE CLASSIFICATION DES COUCHES LES PLUS RÉCENTES, EN DISTINGUANT LE POUBELLIEN INFÉRIEUR (AVANT LES PLASTIQUES) DU POUBELLIEN SUPÉRIEUR (AVEC DES PLASTIQUES).
NOUS Y SOMMES.

BRISER LE SILENCE

Le silence est d'or dans le huis clos des diocèses. Congés sabbatiques, séjours en monastère, expatriations... En déplaçant les auteurs d'agression sexuelle, l'Église a longtemps étouffé les affaires. La hiérarchie en tête : en France, au moins 27 évêques et un cardinal auraient couvert des actes de pédocriminalité. Mais, depuis 2016, l'institution est confrontée à des révélations en cascade. À la parole des victimes s'ajoute celle de prêtres révoltés contre l'inaction et les dissimulations. En devenant lanceurs d'alerte, ces indociles serviteurs de Dieu s'exposent à des sanctions. Mettre fin à l'omerta est devenu leur chemin de croix.

WE REPORT **FABIEN TOULMÉ**

CLAC!
PAUL
POUSS
BONJOUR, MON PÈRE.
J'AI UN DOSSIER À VOUS MONTRER.
DITES-MOI, QUE PUIS-JE POUR VOUS ?
J... JE VOUDRAIS VOUS PARLER DU PÈRE X...
DE CE QU'IL M'A FAIT QUAND J'ÉTAIS ENFANT...
J'AI BESOIN DE VOTRE AIDE !

VERCORS, QUELQUES ANNÉES PLUS TARD...
COCORICOOOO!
JE M'APPELLE PIERRE VIGNON.
FCHH
ON M'A AUSSI DONNÉ LE SURNOM D'OURS DU VERCORS.
JE NE SAIS PAS SI C'EST À CAUSE DE MON PHYSIQUE OU DE MON CARACTÈRE.
GLOU! GLOU! GLOU!

J'AI ÉTÉ ORDONNÉ PRÊTRE EN 1980.
ET, EN 2002, JE SUIS DEVENU JUGE ECCLÉSIASTIQUE.
À QUEL MOMENT VOTRE VIE CONJUGALE S'EST-ELLE DÉGRADÉE ?
C'EST AINSI QUE J'AI COMMENCÉ À INTERVENIR À L'OFFICIALITÉ, LE TRIBUNAL INTERNE DE L'ÉGLISE.
CE QU'IL FAUT SAVOIR, C'EST QUE L'ÉGLISE CATHOLIQUE EST RÉGIE PAR UNE SÉRIE DE LOIS QU'ON APPELLE LE DROIT CANONIQUE.
SELON L'ARTICLE 1151 DU CODE DE DROIT CANONIQUE, « LES CONJOINTS ONT LE DEVOIR ET LE DROIT DE GARDER LA VIE COMMUNE CONJUGALE ».
À L'OFFICIALITÉ, J'AVAIS À JUGER DES AFFAIRES EN APPLICATION DE CE DROIT CANON.
SELON MON RAPPORT, CHERS CONFRÈRES, LE CONJOINT A DONC DÉMONTRÉ L'EXISTENCE D'UN MOTIF LÉGITIME DE SÉPARATION…
TRÈS BIEN, IL ME SEMBLE EFFECTIVEMENT QUE NOUS POUVONS PRONONCER LA DISSOLUTION DU MARIAGE.
J'AI TOUJOURS AIMÉ CONSEILLER LES GENS, ÉCOUTER LEURS PROBLÈMES.
C'EST DANS LES ANNÉES 1990, DANS LE CADRE DE MA FONCTION DE PRÊTRE, QUE DES VICTIMES D'ABUS SEXUELS M'ONT CONTACTÉ POUR LA PREMIÈRE FOIS.
J'AI BESOIN DE VOTRE AIDE !
J… JE VAIS VOIR COMMENT RÉGLER ÇA.
MERCI, MON PÈRE !
C'EST NORMAL, VOYONS !
AU DÉBUT, J'ÉTAIS MAL À L'AISE, DÉSEMPARÉ.

* IL A ÉTÉ CONDAMNÉ À UN « RENVOI DE L'ÉTAT CLÉRICAL » PAR LA JUSTICE ECCLÉSIASTIQUE, EN JUILLET 2019.

SLUUURP!
CLIC! CLIC!
PRRR
LE 20 AOÛT 2018, LE PAPE FRANÇOIS A ÉCRIT SA « LETTRE DU PAPE AU PEUPLE DE DIEU ».
FRANÇOIS > LETTRE > 2018
Que l'Esprit saint nous donne la grâce de la conversion et l'onction intérieure pour pouvoir exprimer, devant ces crimes d'abus, notre compassion et notre décision de lutter avec courage.
C'ÉTAIT DE LA DYNAMITE.
INSPIIIRE
L'APPEL DU PAPE ÉTAIT CLAIR. LE PEUPLE DE DIEU SE DOIT DE RÉAGIR FACE À CES ABUS.

COCORICOOO !
LE LENDEMAIN, SOUS L'IMPULSION, J'AI ÉCRIT UNE LETTRE OUVERTE AU CARDINAL BARBARIN.
TAP ! TAP ! TAP ! TAP !
JE SUIS PASSÉ DE L'OMBRE À LA LUMIÈRE.
« Monsieur le Cardinal...
Je n'insisterai pas sur vos trois reculades pour la connaissance des faits criminels commis par Bernard Preynat ni sur votre attentisme à prendre des décisions...
TAP ! TAP ! TAP ! TAP !
Donner votre démission de cardinal et d'archevêque serait bien sûr une mort sociale, mais quelle assomption personnelle en retour ?
Vous seriez enfin à la hauteur de l'événement. »

* AIDE AUX VICTIMES DES DÉRIVES DE MOUVEMENTS RELIGIEUX EN EUROPE ET À LEURS FAMILLES.

* LE TRAIN POUR LA FRANCE PART MAINTENANT.

DANS UNE AUTRE AFFAIRE, IL Y A AUSSI EU LE PÈRE PHILIPPE LEFEBVRE, UN PRÊTRE DOMINICAIN FRANÇAIS BASÉ EN SUISSE.
IL Y A UN PASSAGE DANS LA BIBLE QUI RACONTE L'HISTOIRE DE DAVID, QUAND IL EST TOUT JEUNE.
IL VEUT SE BATTRE CONTRE GOLIATH. IL DEMANDE CE QU'ON PEUT FAIRE, MAIS ON LUI DIT DE SE TAIRE.
C'EST MON VERSET PRÉFÉRÉ.
IL Y A PLUS DE DIX ANS, J'AI ÉCRIT UN ARTICLE SUR TONY ANATRELLA.
C'ÉTAIT UN PRÊTRE ET PSYCHANALYSTE ACCUSÉ D'ABUS SEXUELS LORS DE « THÉRAPIES SPÉCIALES » PAR UNE DIZAINE DE JEUNES HOMMES DES ANNÉES 1970 JUSQU'EN 2011.
IL N'A JAMAIS ÉTÉ DÉNONCÉ À LA JUSTICE PAR SES SUPÉRIEURS.
LE CARDINAL ROMAIN, DONT VOUS DÉPENDEZ DIRECTEMENT, N'EST PAS CONTENT DE VOS ARTICLES !
FAIS GAFFE !
EN 2016, J'AI ÉCRIT UNE LETTRE RECOMMANDÉE À L'ATTENTION DE LA CONFÉRENCE DES ÉVÊQUES DE FRANCE POUR SIGNALER CETTE AFFAIRE.
ALERTE
UN MOIS APRÈS, ON M'A RETOURNÉ MON RECOMMANDÉ.
C'ÉTAIT LA PREMIÈRE FOIS DE MA VIE QUE ÇA M'ARRIVAIT !

TILILILI
ALLÔ ?
ALLÔ, PÈRE VIGNON ?
C'EST BIEN MOI.
OUI, BONJOUR, LE JOURNAL « LIBÉRATION » À L'APPAREIL.
CE SERAIT POUR VOUS PROPOSER UNE INTERVIEW AU SUJET DE VOTRE PRISE DE PAROLE.
PEUT-ON VENIR CHEZ VOUS DEMAIN ?
EUH... OUI, PAS DE PROBLÈME.
J'AI BIEN L'IMPRESSION QUE LA MACHINE EST LANCÉE.
BIP !
TILILILI !
!
ALLÔ ?
BONJOUR, PÈRE VIGNON, JE SUIS UN JOURNALISTE DU QUOTIDIEN ESPAGNOL « EL PAÍS », ACCEPTERIEZ-VOUS DE RÉPONDRE À QUELQUES QUESTIONS ?
BIEN SÛR.
CETTE PRISE DE PAROLE A FAIT LE TOUR DU MONDE.

JE NE SUIS PAS TROP SURPRIS DE L'ÉCHO QUE CELA A EU.
CE QUI EST DOMMAGE, C'EST QUE CE NE SOIT PAS UN ÉVÊQUE QUI LE DISE.
TÛÛT
TÛÛT
TENEZ, MON PÈRE.
ENCORE UN JOURNAL.
À DEMAIN ! IL Y EN AURA SANS DOUTE UN AUTRE !
VOUS ALLEZ FINIR PAR ÊTRE PLUS CONNU QUE LE PAPE FRANÇOIS, HAHA !
EH BEN !
MÊME AUX ÉTATS-UNIS !
DING!
LA RÉACTION DE MA HIÉRARCHIE NE S'EST PAS FAIT ATTENDRE.

LE 1ER NOVEMBRE 2018, J'AI REÇU UN MESSAGE DU RESPONSABLE DE L'OFFICIALITÉ.
« Tu n'es donc plus juge de l'officialité à compter de ce jour. Il ne m'appartient pas de commenter cette décision.»
BIEN...
CLIC !
AUTANT JE N'AVAIS PAS ENVISAGÉ L'AMPLEUR DES RÉPERCUSSIONS MÉDIATIQUES DE MES RÉVÉLATIONS, MAIS CETTE SANCTION, JE M'EN DOUTAIS UN PEU.
J'AI REGRETTÉ LA DÉCISION QUI A ÉTÉ PRISE MAIS JE L'AI ACCEPTÉE.
LYON
C'EST LA QUESTION DE LA PURIFICATION DE L'ÉGLISE QUI EST EN JEU.
LE PROBLÈME, C'EST QUE CHAQUE ÉVÊQUE EST ROI DANS SON ROYAUME. ON NE DISCUTE PAS, S'IL NE VEUT PAS, ÇA N'AVANCE PAS.

PIERRE !
NE T'INQUIÈTE PAS, ON EST LÀ !
LA PAROLE LIBÉRÉE VA T'AIDER.
MERCI, MAIS NE VOUS EMBÊTEZ PAS POUR MOI.
ON A DÉJÀ APPELÉ LA PRESSE. ET ON VA LANCER UNE PÉTITION POUR DEMANDER TA RÉHABILITATION.
NE VOUS INQUIÉTEZ PAS. À L'ÂGE QUE J'AI, AVEC LA SANTÉ QUE J'AI, CETTE SANCTION N'EST PAS TRÈS GRAVE.
ET PUIS, ILS SE TIRENT UNE BALLE DANS LE PIED, ILS FONT DE MOI UN MARTYR QUI VA SANS DOUTE SUSCITER DES VOCATIONS.
ET QU'EST-CE QUE VOUS ALLEZ FAIRE, MAINTENANT ?
JE CONTINUERAI D'EXERCER MA SIMPLE FONCTION DE PRÊTRE.
ET PUIS, J'AI UNE PETITE IDÉE.
CLAC!
VOUS VERREZ...

12 JANVIER 2019 – PLATEAU DE L'ÉMISSION TÉLÉ « ON N'EST PAS COUCHÉ ».
IL EST TEMPS D'ACCUEILLIR MAINTENANT UN PRÊTRE. ANCIEN JUGE ECCLÉSIASTIQUE, IL A ÉTÉ CONFRONTÉ PENDANT DES ANNÉES À DES CAS D'ABUS SEXUELS DANS L'ÉGLISE.
DANS SON LIVRE « PLUS JAMAIS ÇA ! » IL DÉNONCE L'HYPOCRISIE DE L'ÉGLISE ET PROPOSE DES SOLUTIONS POUR QUE L'OMERTA CESSE.
JE VOUS DEMANDE D'ACCUEILLIR LE PÈRE PIERRE VIGNON.
CLAP!
CLAP!
CLAP!

* IL A ÉTÉ CONDAMNÉ EN 2018 À SIX MOIS DE PRISON FERME POUR AGRESSIONS SEXUELLES SUR UN MINEUR, LES AUTRES CAS ÉTANT PRESCRITS.

EN AVRIL 2018, J'AI REÇU UN COUP DE FIL DE LA SECRÉTAIRE DE L'ÉVÊQUE.
BONJOUR, MON PÈRE, POURRIEZ-VOUS HÉBERGER CHEZ VOUS LE PÈRE RÉGIS PEYRARD, QUI EST EN DÉPLACEMENT PROFESSIONNEL DANS VOTRE VILLE ?
QU...
OUI... EUH, OUI, C'EST POSSIBLE.
MERCI, MON PÈRE.
MÊME SI J'AI TOUT FAIT POUR L'ÉVITER LORS DE SA VENUE, EN RENTRANT TRÈS TARD DU TRAVAIL, FATALEMENT, JE SUIS TOMBÉ DESSUS.
IL PLEURAIT...
PARDON !
JE TE DEMANDE PARDON !
DANS LES JOURS QUI ONT SUIVI CES « RETROUVAILLES », JE SUIS ALLÉ DEMANDER DES COMPTES À L'ÉVÊQUE.
JE N'AVAIS PAS COMPRIS QUE VOUS ÉTIEZ UNE VICTIME...
JE L'AI DÉNONCÉ PUBLIQUEMENT CAR IL Y EN A RAS LE BOL.
LES MÉDIAS, C'ÉTAIT UNE MANIÈRE DE ME PROTÉGER.

EH BIEN, MERCI, PÈRE VIGNON, D'ÊTRE VENU TÉMOIGNER SUR CE PLATEAU !
MERCI.
CLAP !
CLAP !
CLAP !
JE VOUS EMMÈNE MANGER, MON PÈRE ?
AVEC PLAISIR.
SI VOUS M'AVIEZ VU EN TOURNÉE PROMOTIONNELLE À PARIS... LE PETIT PRÊTRE DU VERCORS DANS UN TAXI PANORAMIQUE ACCOMPAGNÉ D'UNE ATTACHÉE DE PRESSE HYPER BRANCHÉE, HAHA !
ÇA VA, VOUS TENEZ LE COUP ?
JE DOIS ÊTRE INCONSCIENT OU TÉMÉRAIRE, MAIS J'AI LE SENTIMENT D'AVOIR FAIT MON DEVOIR.
JE NE SUIS NI UN REBELLE NI UN TRUBLION.
ON DIT QUE JE SUIS UN LANCEUR D'ALERTE, ÇA ME CONVIENT MIEUX.
MAIS LES LANCEURS D'ALERTE, CE SONT LES VICTIMES, PAS MOI.

QUELQUES JOURS APRÈS CE PASSAGE TÉLÉVISÉ...
... J'AI ÉTÉ AUDITIONNÉ PAR LE SÉNAT DANS LE CADRE DE LA MISSION D'INFORMATION SUR LES INFRACTIONS SEXUELLES SUR MINEURS.
À MES CÔTÉS, IL Y AVAIT LE PÈRE STÉPHANE JOULAIN.
LA PRISE EN COMPTE DE LA PAROLE DES VICTIMES NE FAIT QUE COMMENCER.
IL EST PRÊTRE ET PSYCHOTHÉRAPEUTE, SPÉCIALISÉ DANS LE TRAITEMENT DES ABUS SEXUELS.
L'UN DES FREINS IMPORTANTS DANS LA CULTURE CATHOLIQUE, C'EST LE CLÉRICALISME, C'EST CE CORPORATISME QUI FAIT QUE DES HOMMES ET DES FEMMES D'UNE FONCTION PARTICULIÈRE SE SERRENT LES COUDES.
ON EN A FAIT UN ART À UN CERTAIN NIVEAU !
ON EN ARRIVE À LAISSER ENTENDRE QUE LE SACERDOCE D'UN PRÊTRE EST PLUS IMPORTANT QUE LA SANTÉ D'UN ENFANT.
BRAVO POUR VOTRE INTERVENTION !
MERCI, CHER CONFRÈRE !
BRAVO À VOUS AUSSI POUR VOTRE PRISE DE PAROLE PUBLIQUE.
J'ESPÈRE QUE CELA PERMETTRA D'ENCLENCHER LA SUITE.
TAXI
J'ESPÈRE AUSSI...
TA

LA SUITE ?
C'EST À L'ÉGLISE DE TROUVER LES SOLUTIONS.
JE MILITE POUR L'OUVERTURE DES ARCHIVES, L'INDEMNISATION DES VICTIMES ET LA MISE EN PLACE DU TRIBUNAL POUR LES ÉVÊQUES QU'A PROMIS LE PAPE FRANÇOIS.
EN CE QUI ME CONCERNE, JE PASSERAIS VOLONTIERS LE RELAIS MÉDIATIQUE À UN AUTRE, CAR J'AVOUE ÊTRE FATIGUÉ.
QUANT À MA FOI, RIEN N'A CHANGÉ, JE L'AI TOUJOURS.
JE PRIE BEAUCOUP ET JE CONTINUERAI D'EXERCER MA FONCTION DE PRÊTRE TANT QUE JE POURRAI.
C'EST AUX HYPOCRITES, DANS L'ÉGLISE, DE LA QUITTER, PAS À MOI.
ET POUR REPRENDRE CE QU'A DIT UNE VICTIME DU PÈRE PREYNAT : « QUAND UN ENFANT EST VICTIME D'UN INSTITUTEUR, IL NE CESSE PAS POUR AUTANT D'APPRENDRE À LIRE, MOI JE CONTINUE À CROIRE. »

QUELQUES SEMAINES APRÈS CETTE AUDITION AU SÉNAT, LE 7 MARS 2019, LE CARDINAL BARBARIN A ÉTÉ CONDAMNÉ À SIX MOIS DE PRISON AVEC SURSIS PAR LE TRIBUNAL DE LYON POUR NON-DÉNONCIATION D'ATTEINTES SEXUELLES INFLIGÉES À UN MINEUR DE 15 ANS.
IL A FAIT APPEL DE CETTE DÉCISION MAIS A REMIS SA DÉMISSION AU PAPE FRANÇOIS.
LE PAPE FRANÇOIS L'A REFUSÉE EN INVOQUANT LA « PRÉSOMPTION D'INNOCENCE ».
EN MARS 2019, LORS D'UN CONSEIL DU DIOCÈSE DE LYON, 48 PRÊTRES SUR 50 ONT VOTÉ EN FAVEUR D'UN DÉPART DÉFINITIF DU CARDINAL BARBARIN.
CLAP!
CLAP!
UNE RÉVOLTE ENCORE IMPENSABLE IL Y A QUELQUES ANNÉES.
VERCORS, PAYS DE LA RÉSISTANCE

une justice à huis clos

Issu en partie du droit romain, puis formalisé au Moyen Âge, le droit canonique fonctionne comme un système juridique interne à l'Église, avec ses juges, ses avocats... Anachronique pour les profanes, cette «justice de Dieu» constitue un rouage essentiel de l'institution catholique.

MARCHER AU PAS

Sorte de règlement intérieur de l'Église, le droit canonique a, en réalité, deux champs de compétences : *«Il répond à un projet religieux, de salut des âmes, de réforme des mœurs, de conformité aux valeurs chrétiennes, mais il traite aussi de la discipline interne, notamment celle des prêtres»*, explique Corinne Leveleux-Teixeira, professeure d'histoire du droit à l'université d'Orléans.

LA VOIE DE LA PROBITÉ

Aujourd'hui, les trois quarts des affaires traitées par les officialités (les tribunaux ecclésiastiques) concernent les annulations de mariages et les divorces. *«Mais ça peut être aussi une histoire de curé qui a piqué de l'argent dans la quête ou un problème de comportement»*, pointe le prêtre Pierre Vignon.

ÇA NE PARDONNE PAS

Pour certaines victimes, la justice canonique représente parfois le seul espoir d'obtenir réparation, en particulier quand la justice laïque bute sur la prescription. Il s'agit alors de faire reconnaître l'existence d'une faute ou d'obtenir une indemnité financière. En 2015, le père Thierry de Roucy a ainsi été reconnu coupable d'agression sexuelle sur majeur par l'officialité du Languedoc-Roussillon et condamné à verser 80000 euros de dommages et intérêts à la victime. Une somme bien supérieure aux amendes habituellement prononcées au pénal pour des faits similaires.

CACHEZ CES SCANDALES

Pour les cas les plus graves, notamment dans les affaires de violences sexuelles commises par des clercs, la concurrence entre la justice canonique et le droit « civil » reste ambiguë. Parce que les paroissiens font confiance à leurs évêques, les tribunaux diocésains sont souvent saisis avant même qu'une procédure pénale ne soit engagée. La « justice de Dieu » peut alors servir à dissimuler le scandale aux yeux de la justice des hommes.

LA CLÉ DE L'OPACITÉ

Les juges ecclésiastiques, au nombre de trois, travaillent sur une procédure exclusivement écrite : recueil de témoignages, collecte de documents... Les confrontations directes sont rares, l'objectif étant d'éviter tout biais dans le jugement. C'est d'ailleurs l'une des limites de ce système : les droits de la défense et la transparence ne sont pas toujours respectés.

MAKING-OF

« Depuis plus de trois ans, nous enquêtons sur les affaires de pédocriminalité dans l'Église catholique, notamment pour Mediapart. Nous avons recueilli plusieurs dizaines de témoignages de victimes, exploré les arcanes du pouvoir ecclésiastique et sondé ses silences. Pour La Revue Dessinée, *aidés par le sens de la narration et le dessin de Fabien Toulmé, nous mettons en lumière pour la première fois l'action des prêtres lanceurs d'alerte mobilisés dans l'ombre de l'institution. »* Daphné Gastaldi, Mathieu Martinière et Mathieu Périsse.

DESSIN : VINCENT SOREL

La revue des cinés

Phantom of the Paradise de Brian De Palma. Avant la sortie du film, l'Américain était un cinéaste marginal et quasi inconnu. Mais avec cet opéra pop, baroque et barré, tourné dans une vieille salle de spectacle de Dallas, il s'impose comme une référence pour des générations de cinéphiles. Son histoire de meurtre et de vengeance sur fond de comédie musicale fait un carton. Le casque qui dissimule le visage de son héros, brûlé par une presse à disques, devient culte.

HUGUES MICOL

LE FILM BRASSE LES GENRES : COMÉDIE MUSICALE, PURE COMÉDIE, HORREUR. LE TOUT DANS UNE JOYEUSETÉ ACIDE ET TAPAGEUSE.
LE ROCOCO COMMENCE DÈS LE CASTING.
ON EST DANS LES ANNÉES GLITTER, ET ÇA SE VOIT.
L'HISTOIRE EST UN AMALGAME DU « FANTÔME DE L'OPÉRA », DU « PORTRAIT DE DORIAN GRAY » ET DE « FAUST » À LA SAUCE ROCK'N'ROLL.

LA BO ÉPATANTE EST SIGNÉE PAUL WILLIAMS, QUI TIENT LE RÔLE PRINCIPAL DU FILM.
UN PETIT HOMME AU PHYSIQUE JUVÉNILE ÉTRANGE.
DANS LES ANNÉES 1970, IL ÉTAIT UNE MACHINE À TUBES.
IL A AUSSI BEAUCOUP COMPOSÉ POUR «LE MUPPET SHOW». CLASSIEUX.
DANS LE FILM, IL JOUE SWAN, UN PRODUCTEUR MALÉFIQUE, SORTE DE PHIL SPECTOR QUI DIRIGERAIT UNIVERSAL AVEC LES MÉTHODES DE DON CORLEONE.

ON EST EN 1974, LA VAGUE DE LA CONTRE-CULTURE SE PREND LE MUR.
WATERGATE, VIET NÂM L'ÉTÉ DE L'AMOUR EST LOIN.
LES USA ONT LA GUEULE DE BOIS.
BEUARK!
LE FILM EST UNE FABLE CAUSTIQUE, SOMBRE ET TRUCULENTE.
OÙ COMMENT L'INDUSTRIE AVALE LES INDIVIDUALITÉS POUR LES RECRACHER EN PRODUITS MARKETÉS POUR UN PUBLIC ABRUTI QUI EN REDEMANDE.
C'EST LOURD ET LÉGER À LA FOIS.
SUBLIME ET GROTESQUE, DIRONS-NOUS.
DE PALMA EST DE LA GÉNÉRATION DES SPIELBERG, SCORSESE, COPPOLA, LUCAS POUR CEUX ENCORE LÀ.
ET S'IL ÉTAIT LE PLUS PASSIONNANT D'ENTRE EUX?
E.T

EN TOUT CAS, C'EST CERTAINEMENT LE PLUS MAL ÉLEVÉ.
LE VOYOU DE LA BANDE.

SUCCÈS MÉDIOCRE À SA SORTIE, LE FILM EST MAINTENANT CULTE.
HYPE!
COOL!
PAUL WILLIAMS A ÉTÉ INVITÉ PAR DAFT PUNK SUR SON DERNIER ALBUM.
ET D'AILLEURS, CE LOOK CUIR & CASQUE?
C'EST TRÈS TENDANCE TOUT ÇA...
AH?!
PAS FAUX.

OUI, CE FILM EST UNE RÉFÉRENCE INCONTOURNABLE DE LA BRANCHITUDE…
UN CRITÈRE DE BON GOÛT POUR UNE GÉNÉRATION DE CSP++.
ÇA DÉNOTE QUELQUE CHOSE CHEZ LE DESSINATEUR QUE VOUS ÊTES.
UNE FORME DE DÉTERMINISME CULTUREL EN CONTRADICTION AVEC LE PROPOS DU FILM.
C'EST GRAVE ?

LIEU DE POUVOIR

Dans la place

Le bureau du procureur de la République de Paris. Les jeux de pouvoir s'épanouissent à l'écart des projecteurs et sans public. Les décisions se prennent loin des regards, à l'abri de grands édifices. Poussons la porte de l'un des lieux où se joue l'indépendance de la justice : le bureau du proc.

PIERRE-ANTOINE SOUCHARD VINCENT MAHÉ

AU PRINTEMPS 2018, LE TRIBUNAL DE GRANDE INSTANCE (TGI) DE PARIS A DÉMÉNAGÉ DANS UN BÂTIMENT ULTRA-MODERNE, ÉCOLOGIQUE, HIGH-TECH, UN ÉDIFICE TOUT EN FAÇADE VITRÉE DE 160 MÈTRES DE HAUTEUR ET DE 38 ÉTAGES. « ÉVIDEMMENT, DIRE QU'UN BÂTIMENT LUMINEUX ET TRANSPARENT SUFFIT À INCARNER UNE JUSTICE LUMINEUSE ET TRANSPARENTE SERAIT TROP FACILE, MAIS C'EST LÀ LE MOYEN D'OFFRIR AU CITOYEN UNE APPROCHE RASSURANTE DE L'INSTITUTION », COMMENTE SON ARCHITECTE, RENZO PIANO. UN PEU PLUS DE 1 500 PERSONNES, GREFFIERS, PERSONNELS ADMINISTRATIFS ET MAGISTRATS ONT MIGRÉ DE L'ÎLE DE LA CITÉ, EN PLEIN CŒUR DE LA CAPITALE, VERS LA PÉRIPHÉRIE, À LA LISIÈRE DE LA PORTE DE CLICHY.

À L'INTÉRIEUR, UN SEUL CORPS, CELUI DE LA MAGISTRATURE, MAIS DEUX FONCTIONS : CEUX QUI JUGENT, LES MAGISTRATS DU SIÈGE ; ET CEUX QUI POURSUIVENT, LES MAGISTRATS DU PARQUET. CES DERNIERS SONT PLACÉS SOUS L'AUTORITÉ DU GARDE DES SCEAUX.
« LA JUSTICE DOIT ÊTRE INDÉPENDANTE, MAIS ELLE NE SAURAIT ÊTRE HORS DE TOUT SAUF À RISQUER DE N'ÊTRE LÉGITIME DE NULLE PART », JUSTIFIAIT EMMANUEL MACRON, EN OCTOBRE 2018, À L'OCCASION DES SOIXANTE ANS DE LA CONSTITUTION.
LE PROCUREUR DIRIGE 130 « PARQUETIERS », RÉPARTIS ENTRE LES 21E ET 26E ÉTAGES.
À LA TÊTE DU PARQUET, LE « PROC » EST NOMMÉ PAR DÉCRET PRÉSIDENTIEL SUR PROPOSITION DU MINISTRE DE LA JUSTICE. CE PROCESSUS ALIMENTE TOUS LES SOUPÇONS, RÉELS OU FANTASMÉS, SUR UNE MAINMISE DE L'EXÉCUTIF, QUEL QUE SOIT SON BORD POLITIQUE.
LA NOMINATION DE RÉMY HEITZ, EN NOVEMBRE 2018, N'A PAS ÉCHAPPÉ À LA RÈGLE.

DEPUIS L'OUVERTURE DU TGI, DEUX PROCUREURS ONT OCCUPÉ CE BUREAU. FRANÇOIS MOLINS, QUI, APRÈS SEPT ANS À LA TÊTE DU PARQUET DE PARIS, A REJOINT LE PARQUET GÉNÉRAL DE LA COUR DE CASSATION, ET, APRÈS LUI, RÉMY HEITZ.
DANS L'ESPACE SALON DU BUREAU, DEUX FAUTEUILS ET UN DIVAN LE CORBUSIER. QUELQUES SOUVENIRS DE DÉLÉGATIONS JUDICIAIRES ÉTRANGÈRES ; UNE AFFICHE DU FILM « L'AVENTURE, C'EST L'AVENTURE », CLIN D'ŒIL D'ANCIENS COLLÈGUES DE RÉMY HEITZ À SA NOMINATION À CE POSTE SENSIBLE.
CHAQUE JOUR, LE MAGISTRAT DE 56 ANS ARRIVE À 7H30 ET NE REPART JAMAIS AVANT 20H30, 21 HEURES. DEUX FOIS PAR SEMAINE, IL TIENT DES RÉUNIONS DE CABINET AVEC LES SIX PROCUREURS ADJOINTS, LE PORTE-PAROLE DU PARQUET ET LE SECRÉTAIRE GÉNÉRAL.
POUR LUI, « LE PLUS IMPORTANT EST CETTE TABLE OVALE. ELLE ILLUSTRE ASSEZ BIEN LE FONCTIONNEMENT DE CE BUREAU QUI EST PLUS UN LIEU DE DÉCISION COLLECTIVE QU'UN LIEU DE POUVOIR SOLITAIRE ».

DÈS SON ARRIVÉE EN NOVEMBRE 2018, RÉMY HEITZ S'EST TROUVÉ CONFRONTÉ AU MOUVEMENT SOCIAL DES GILETS JAUNES : 2 907 GARDES À VUE, 1 357 DÉFÉRÉS, 515 JUGÉS EN COMPARUTION IMMÉDIATE*... DANS LE MÊME TEMPS, SON SOUHAIT DE VOIR JUGER LES POLICIERS AUTEURS DE « VIOLENCES ILLÉGITIMES » LUI A VALU LES FOUDRES DES SYNDICATS DES FORCES DE L'ORDRE.

LA TENTATIVE DE PERQUISITION AU SIÈGE DE MEDIAPART A JETÉ LE DOUTE SUR SON INDÉPENDANCE DANS UN DOSSIER SENSIBLE POUR L'ÉLYSÉE : L'AFFAIRE BENALLA, UN DOUTE RENFORCÉ PAR LA CONVOCATION PAR LA DIRECTION GÉNÉRALE DE LA SÉCURITÉ INTÉRIEURE (DGSI) DE JOURNALISTES TRAVAILLANT SUR CETTE MÊME AFFAIRE OU SUR LES VENTES D'ARMES PAR LA FRANCE À L'ARABIE SAOUDITE.

FMI

AVOIR BON FOND

Des représentants flanqués de gardes du corps, des menaces de mort… En soixante-dix ans, le FMI a su se faire détester, au point de voir son autorité contestée. Le tournant devenait urgent. « Environnement », « dimension sociale » et « parité » : avec l'arrivée de Christine Lagarde en 2011, le vocabulaire du Fonds s'est enrichi. Sans se soucier des casseroles qu'elle traîne, la dirigeante promettait de « réinventer une autre mondialisation ». La tâche semblait infinie. « Je ne vais pas quitter ce magnifique navire alors qu'une mer agitée nous attend », assurait-elle en septembre 2018. Dix mois plus tard, elle prenait ses cliques et ses claques. Dédiabolisation accomplie ?

JÉRÉMY TORDJMAN ERWANN TERRIER

189 PAYS MEMBRES, PRÈS DE 670 MILLIARDS DE DOLLARS DE RESSOURCES ET UNE MISSION A PRIORI INATTAQUABLE : APPORTER SON ASSISTANCE FINANCIÈRE AUX ÉTATS EN CRISE.
ONE WAY
SAUF QUE CETTE AIDE A UN COÛT. EN ÉCHANGE, LE FONDS MONÉTAIRE INTERNATIONAL EXIGE DES COUPES DANS LES DÉPENSES PUBLIQUES, DES PRIVATISATIONS ET L'OUVERTURE DES MARCHÉS À LA CONCURRENCE.
ONE WAY
EN CLAIR, UNE CURE D'AUSTÉRITÉ QUI VISE À REMETTRE LES PAYS DANS LES CLOUS, MAIS QUI A SURTOUT ANCRÉ DANS LES ESPRITS L'IMAGE DU FMI – OU IMF EN ANGLAIS – AFFAMEUR DES PEUPLES.
I'm loving it.
Bus Line

* Nommée à la tête de la Banque centrale européenne, elle a interrompu son deuxième mandat de directrice générale au FMI.

DÈS 1964, CUBA CLAQUE LA PORTE DU FMI, SOUS L'IMPULSION DE FIDEL CASTRO :
UNE INSTITUTION SINISTRE ! SES CONSEILS SONT MEURTRIERS.
NICOLAS MADURO, LE PRÉSIDENT DU VENEZUELA, EN 2014 :
LE FMI SUCE LE SANG DES PAYS EN MÊME TEMPS QU'IL LES PRIVE D'OXYGÈNE.
EN 2003, LE PRIX NOBEL D'ÉCONOMIE JOSEPH STIGLITZ LANÇAIT DE GRAVES ACCUSATIONS :
EN FORÇANT LA THAÏLANDE À RÉDUIRE SES DÉPENSES DE SANTÉ PENDANT LA CRISE FINANCIÈRE 97-98, LE FMI A CONTRIBUÉ À L'EXPLOSION DES CAS DE SIDA.
EN AFRIQUE, L'ORGANISATION N'A PAS MEILLEURE PRESSE.
(IMAGES ISSUES DU CLIP "IMF" DE SEUN KUTI)
YOU BRING PAIN, YOU BRING TEARS, YOU BRING SUFFERING
SO MUCH STEALING FROM THE IMF SO MUCH KILLING FROM THE IMF.
INTERNATIONAL MOTHER FUCKERS.

EN ARGENTINE, LE FMI EST MÊME TENU POUR RESPONSABLE DE LA FAILLITE DE 2001, DONT LE PAYS NE S'EST TOUJOURS PAS RELEVÉ.
FUERA FMI
PARFOIS, LES CRITIQUES LES PLUS FÉROCES NE VIENNENT PAS DE DANGEREUX GAUCHISTES. DOMINIQUE STRAUSS-KAHN, EN 2006, À BUENOS AIRES :
POUR DE NOMBREUSES PERSONNES, LE FMI EST LE DIABLE, ET IL Y A DES RAISONS À CELA.
DSK N'A PAS VIRÉ DE BORD : IL FAIT ALORS CAMPAGNE POUR ÊTRE NOMMÉ À LA TÊTE DU FMI ET A BESOIN DU SOUTIEN DE TOUS LES ÉTATS MEMBRES.

QUAND IL PREND LA TÊTE DE L'INSTITUTION EN 2007, LE FMI EST AUSSI IMPOPULAIRE QUE MORIBOND.
LES GOUVERNEMENTS NE VEULENT PLUS DE SES PLANS D'AIDE ET DSK ENVISAGE DE SE SÉPARER D'UNE PARTIE DU STAFF, 400 TÊTES BIEN FAITES PLUS HABITUÉES À CONCEVOIR LES PLANS SOCIAUX QU'À LES SUBIR.
CE PLAN NE SERA JAMAIS EXÉCUTÉ. LE 15 SEPTEMBRE 2008, LEHMAN BROTHERS S'EFFONDRE AUX ÉTATS-UNIS ET DÉCLENCHE UNE ONDE DE CHOC MONDIALE.
LEHMAN
OTHERS
LA PLUS GRANDE FAILLITE BANCAIRE DE L'HISTOIRE A ÉTÉ PRÉCIPITÉE PAR LES FAMEUX "SUBPRIMES".
VENDEZ.
DES EMPRUNTS IMMOBILIERS CONTRACTÉS PAR DES PARTICULIERS INSOLVABLES, ET AGRÉGÉS DANS DES PRODUITS FINANCIERS QUI S'ÉCROULENT UN À UN.
HOME FOR SALE

C'EST LA PANIQUE SUR LES MARCHÉS. LA CRISE AUX ÉTATS-UNIS FAIT CRAINDRE UN RETOUR À LA GRANDE DÉPRESSION DES ANNÉES 1930.
EN PLEINE TEMPÊTE, LE FMI REVIENT SOUDAINEMENT AU CŒUR DU JEU : IL COORDONNE LES EFFORTS DE RELANCE ÉCONOMIQUE POUR FREINER LA CRISE ET OBTIENT LE DOUBLEMENT DE SES RESSOURCES.
CE N'EST PAS DE TROP. LA RÉCESSION TRAVERSE RAPIDEMENT L'ATLANTIQUE ET GAGNE L'EUROPE, OÙ LES BANQUES BATTENT À LEUR TOUR DE L'AILE ET FONT TREMBLER ÉTATS COMME ÉPARGNANTS.
HSBC
BARCLAYS
BNP PARIBAS
SOCIETE GENERA
LE FONDS EST APPELÉ À LA RESCOUSSE SUR LE VIEUX CONTINENT ET CHANGE DE DIMENSION. POUR LA PREMIÈRE FOIS DE SON HISTOIRE, IL RENFLOUE DES PAYS INDUSTRIALISÉS.
FMI

GRÈCE, PORTUGAL, IRLANDE ET CHYPRE : AUX CÔTÉS DES INSTITUTIONS EUROPÉENNES, LE FMI DÉBLOQUE À PARTIR DE 2010 DES DIZAINES DE MILLIARDS DE DOLLARS DE PRÊT ET PRESCRIT LES MÊMES REMÈDES DE CHEVAL QUI ONT FAIT LE MALHEUR DES PAYS DU SUD.
FMI
EN BREF, LE FMI EST DE RETOUR.
FMI
LA JOURNÉE DU 14 MAI 2011 VA TOUT CHANGER. DSK EST ACCUSÉ D'AGRESSION SEXUELLE À NEW YORK. LE 19, IL DÉMISSIONNE.
JE VEUX PRÉSERVER CETTE INSTITUTION QUE J'AI SERVIE AVEC HONNEUR ET DÉVOUEMENT.
MAIS LES DÉGÂTS POUR L'IMAGE DU FMI SONT CONSIDÉRABLES.
DÉSIREUSE DE GARDER UN POINT D'INFLUENCE, LA PRÉSIDENCE SARKOZY POUSSE ALORS LA CANDIDATURE DE SA MINISTRE DE L'ÉCONOMIE.
CHRISTINE LAGARDE, ANCIENNE AVOCATE D'AFFAIRES AUX ÉTATS-UNIS.
PREMIÈRE FEMME À AVOIR PRIS LES RÊNES DE BERCY, ELLE EST DÉJÀ AUX AVANT-POSTES DE LA CRISE FINANCIÈRE.
LES RÉUNIONS DU G20 OU DE LA ZONE EURO N'ONT AUCUN SECRET POUR CETTE ANGLOPHONE PLUS À L'AISE AVEC LES GRANDS DE CE MONDE QU'AVEC LE PETIT PEUPLE.

ENTRÉE EN POLITIQUE EN 2005, ELLE A CONNU UNE ASCENSION MÉTÉORIQUE, ÉMAILLÉE DE GAFFES.
QUELQUES JOURS APRÈS SON ENTRÉE AU GOUVERNEMENT VILLEPIN, ELLE SE MET À DOS LES SYNDICATS.
LE DROIT DU TRAVAIL EST LOURD ET PEU FLEXIBLE.
CODE DU TRAVAIL
EN MAI 2007, EN PLEINE FLAMBÉE DES PRIX DU CARBURANT, ELLE RÉCIDIVE.
LES AUTOMOBILISTES FERAIENT MIEUX D'UTILISER LEURS BICYCLETTES.
EN 2011, C'EST TOUTEFOIS UNE DIRIGEANTE EXPÉRIMENTÉE QUI FAIT CAMPAGNE POUR LE FMI EN MARQUANT SA DIFFÉRENCE AVEC DOMINIQUE STRAUSS-KAHN.
SI JE SUIS ÉLUE DIRECTRICE GÉNÉRALE, J'EXERCERAI MES FONCTIONS EN TANT QUE FEMME, PAS NÉCESSAIREMENT EN PANTALON...
...ET CERTAINEMENT AVEC UN NIVEAU DE TESTOSTÉRONE PLUS FAIBLE QUE BEAUCOUP DANS CETTE PIÈCE AUJOURD'HUI.
LE 28 JUIN, ELLE ÉCARTE SON RIVAL MEXICAIN POUR DEVENIR LA PREMIÈRE FEMME À DIRIGER LE FONDS.
JE PRENDS MES FONCTIONS AVEC FIERTÉ ET HUMILITÉ, MAIS AUSSI UN PEU D'APPRÉHENSION.

CETTE FILLE D'ENSEIGNANTS DU HAVRE PEUT S'INSTALLER DANS SON NOUVEAU BUREAU À WASHINGTON, À DEUX PAS DE LA MAISON-BLANCHE. C'EST LA CONSÉCRATION.
QUELQUES VOIX DISSONANTES SE FONT ENTENDRE, DONT CELLE D'EVA JOLY, ALORS CANDIDATE À L'INVESTITURE EUROPE ÉCOLOGIE-LES VERTS À LA PRÉSIDENTIELLE.
CE N'EST PAS BIEN POUR LE FMI OU POUR LES PAYS EN VOIE DE DÉVELOPPEMENT, CAR C'EST UNE ULTRALIBÉRALE. JE CRAINS QUE SES ARBITRAGES NE SOIENT PAS EN FAVEUR DES PEUPLES MAIS DU LIBRE ACCÈS AUX RESSOURCES POUR LES MULTINATIONALES.
... MAIS POUR L'ARMÉE DE COMMUNICANTS DU FMI, CHRISTINE LAGARDE EST UNE AUBAINE.
ELLE VIENT DE FAIRE VOLER EN ÉCLATS LE PLAFOND DE VERRE.
C'EST UNE FEMME.
VÉGÉTARIENNE.
CHAMPIONNE DE NATATION.
OPÉRATION RELOOKING
ELLE A DU PANACHE ET DE LA REPARTIE.
FINI LE REPAIRE DE MÂLES BLANCS EN COSTUMES GRIS.
FINE TACTICIENNE, CHRISTINE LAGARDE S'EMPARE DE CETTE NOUVELLE STRATÉGIE ET VA BOUSCULER LES DOGMES DE SON INSTITUTION.
L'ORÉAL
GLAMOUR
GLAMOUR
CONDÉ NAST
GLAMOUR
GLAMOUR

C'EST TRÈS RARE POUR LE FMI DE DIRE CELA MAIS AUJOURD'HUI JE VAIS LE DIRE : IL EST BON D'AUGMENTER LE DÉFICIT BUDGÉTAIRE QUAND IL S'AGIT DE SOIGNER LES GENS.
LE FMI NE DIT PAS SOUVENT ÇA, MAIS IL FAUT AUGMENTER LES DÉFICITS.
AFDB
IMF
OCTOBRE 2014 : LE LIBERIA, LA SIERRA LEONE ET LA GUINÉE SONT FRAPPÉS PAR LE VIRUS EBOLA. CHRISTINE LAGARDE ROMPT AVEC LES SACRO-SAINTES RÈGLES DU FMI EN EXHORTANT LES PAYS À S'ENDETTER POUR FREINER L'ÉPIDÉMIE.
J'AI BIEN ENTENDU ?
GUINEA
LA SURPRISE DANS L'ASSISTANCE EST PALPABLE, NOTAMMENT CHEZ ALPHA CONDÉ, LE PRÉSIDENT DE LA GUINÉE.
JE SUIS TRÈS CONTENT D'ENTENDRE LA PRÉSIDENTE DU FONDS MONÉTAIRE INTERNATIONAL DIRE QU'IL FAUT AUGMENTER LES DÉFICITS. C'EST UN CHANGEMENT RADICAL.
LE FMI EFFACERA MÊME UNE PARTIE DE LA DETTE DE CES TROIS PAYS, UNE GOUTTE D'EAU PAR RAPPORT AUX MILLIARDS BRASSÉS PAR L'INSTITUTION...
... MAIS UN PAS SUPPLÉMENTAIRE VERS LA DÉDIABOLISATION DU FMI AMORCÉE PAR CHRISTINE LAGARDE.

"MADAME MANAGING DIRECTOR" VEUT FAIRE PASSER LE MESSAGE : LE FMI QUI DICTAIT SA LOI AUX PAYS A FAIT SON TEMPS.
EN AVRIL 2014, ELLE DÉCLARE :
L'AJUSTEMENT STRUCTUREL ? C'ÉTAIT AVANT MON MANDAT. JE N'AI AUCUNE IDÉE DE CE QUE C'EST. ON NE FAIT PLUS ÇA.
SÉRIEUSEMENT, VOUS DEVEZ COMPRENDRE QUE NOUS AVONS CHANGÉ LA MANIÈRE DONT NOUS OFFRONS NOTRE SOUTIEN FINANCIER. C'EST VRAIMENT SUR LA BASE DU PARTENARIAT.
LES GRECS ESSORÉS PAR L'AUSTÉRITÉ ?
UN PARTENARIAT !
LES UKRAINIENS CONFRONTÉS À UNE HAUSSE DES PRIX DU GAZ RÉCLAMÉE PAR LE FMI ?
UN PARTENARIAT !
LES CONTRADICTIONS NE MANQUENT PAS, MAIS Mme LAGARDE A LE VENT DANS LE DOS.

* 1. De 1963 à 1973. 2. De 1978 à 1987. 3. De 1987 à 2000. 4. De 2007 à 2011.

*BRÉSIL-RUSSIE-INDE-CHINE-AFRIQUE DU SUD

SOUS LAGARDE, LE FMI POURSUIT AUSSI SA MUE EN QUESTIONNANT SES DOGMES. MÊME SI CETTE INTROSPECTION TROUVE RAPIDEMENT SES LIMITES.
WHAT THE F
EN 2016, QUAND LE FONDS OSE SE DEMANDER DANS UN OBSCUR MAGAZINE INTERNE SI LES BIENFAITS DU NÉOLIBÉRALISME N'ONT PAS ÉTÉ "SURVENDUS", LES ONG N'EN CROIENT PAS LEURS YEUX.
F&D
Neoliberalism: Oversold?
BIBLE DES MILIEUX D'AFFAIRES, LE "FINANCIAL TIMES" DÉGAINE AUSSITÔT UN ÉDITO RIDICULISANT LES ÉTATS D'ÂME DE L'INSTITUTION.
FINANCIAL TIMES
What's wrong with IMF?
"EN CHERCHANT À ÊTRE À LA MODE, LE FMI EST AUSSI DÉPASSÉ QU'UN QUADRAGÉNAIRE PORTANT SA CASQUETTE À L'ENVERS."
COMPTA
PRIS DE PANIQUE, MAURICE OBSTFELD, L'ACTUEL CHEF ÉCONOMISTE DU FONDS, FAIT MACHINE ARRIÈRE POUR RASSURER LES MARCHÉS.
CET ARTICLE A ÉTÉ INTERPRÉTÉ DE MANIÈRE TOTALEMENT ERRONÉE. IL NE MARQUE PAS DE CHANGEMENT MAJEUR DANS L'APPROCHE DU FONDS.

Mme LAGARDE ELLE-MÊME A PARASITÉ LA NOUVELLE COMMUNICATION DU FONDS. EN 2012, ELLE OSE UNE MÉTAPHORE SUR L'ARGENTINE, VISÉE PAR UNE PROCÉDURE DE SANCTIONS POUR DES STATISTIQUES TRONQUÉES.
NOUS AVIONS À CHOISIR ENTRE LE CARTON JAUNE ET LE CARTON ROUGE. NOUS AVONS CHOISI LE CARTON JAUNE, MAIS SI AUCUN PROGRÈS N'EST FAIT, CE SERA CARTON ROUGE.
À BUENOS AIRES, CE COMMENTAIRE PROVOQUE LA COLÈRE DE LA PRÉSIDENTE, CRISTINA KIRCHNER.
MON PAYS N'EST PAS UNE ÉQUIPE DE FOOT. C'EST UN PAYS SOUVERAIN QUI N'ACCEPTERA PAS LES MENACES.
CE N'EST PAS UN MATCH DE FOOT. C'EST LA CRISE LA PLUS GRAVE DEPUIS LES ANNÉES 1930 !
AUTRE DÉCLARATION MALHEUREUSE, EN SEPTEMBRE 2015 :
QUE PENSEZ-VOUS DE LA HAUSSE DE LA TVA EN GRÈCE ?
QUI AIME PAYER DES IMPÔTS ? PAS VOUS, PAS MOI, PERSONNE N'AIME ÇA !
ÇA TOMBE BIEN : GRÂCE À SON STATUT DE FONCTIONNAIRE INTERNATIONALE, DES IMPÔTS, ELLE N'EN PAIE PAS.
ELLE APPELLE POURTANT LES GRECS À S'ACQUITTER DES LEURS.

C'EST D'AILLEURS SANS CONTESTE SUR LE DOSSIER GREC QUE LE LIFTING VOULU PAR Mme LAGARDE A EU LE PLUS DE MAL À PRENDRE FORME.
PEOPLES OF EUROPE RISE UP
ΛΑΟΙ ΤΗ
ΞΕΣΗΚΣ
QUAND ELLE ARRIVE AU FMI, LE PLAN DE SAUVETAGE DE LA GRÈCE DE 2010 A DÉJÀ ENGLOUTI DES MILLIARDS D'EUROS SANS CHASSER LE SPECTRE D'UNE IMPLOSION DE LA ZONE EURO, ET SANS REDRESSER LE PAYS, ENGLUÉ DANS UNE PROFONDE RÉCESSION.
UN DEUXIÈME PLAN DE 130 MILLIARDS EST ACTÉ EN 2012. LA GRÈCE VIT ALORS SOUS PERFUSION DE SES CRÉANCIERS INTERNATIONAUX, LA "TROÏKA" : EUROZONE, FMI, BANQUE CENTRALE EUROPÉENNE, LES SEULS À ENCORE LUI PRÊTER DE L'ARGENT FRAIS.

TOUS LES TROIS MOIS, DES ÉMISSAIRES DE CETTE "TROÏKA" HONNIE VIENNENT À ATHÈNES VÉRIFIER QUE LE PAYS A BIEN FAIT SES DEVOIRS.
LE PAYS DOIT RÉPONDRE À PLUSIEURS EXIGENCES AVANT D'OBTENIR LES PRÊTS DONT IL A CRUELLEMENT BESOIN POUR ASSURER LES SERVICES DE BASE.
EXCÉDÉE PAR CETTE TUTELLE, LA GRÈCE CONFIE EN JANVIER 2015 SON DESTIN AU PARTI DE GAUCHE RADICALE ET ANTI-AUSTÉRITÉ SYRIZA.
ΣΥΡΙΖΑ
AVEC LE NOUVEAU PREMIER MINISTRE, ALEXIS TSIPRAS, LE CHANGEMENT DE TON EST RADICAL.
LE FMI A UNE RESPONSABILITÉ CRIMINELLE DANS LA SITUATION EN GRÈCE !
ΣΥΡΙΖΑ
LE NOUVEAU GOUVERNEMENT ET SON BOUILLANT MINISTRE DES FINANCES, YANIS VAROUFAKIS, FONT ALORS DE LA "TROÏKA" LA SEULE RESPONSABLE DES MALHEURS GRECS, QUITTE À GOMMER LEURS PROPRES ERREMENTS ET CEUX DE LEURS PRÉDÉCESSEURS.
ENTRE 2010 ET 2014, LE FMI, LA BCE ET LA COMMISSION EUROPÉENNE ONT SOUMIS LA GRÈCE À UNE TORTURE BUDGÉTAIRE ...
... ET CAUSÉ UNE DÉPRESSION ÉCONOMIQUE INJUSTIFIÉE, EN IMPOSANT DES MESURES INCOMPÉTENTES AVEC DES MÉTHODES DE VOYOUS !*
* AVRIL 2016

CHAQUE NÉGOCIATION SUR LA GRÈCE SE TRANSFORME ALORS EN COMBAT OPPOSANT SCHÉMATIQUEMENT DEUX LIGNES.
LES ORTHODOXES…
(FMI, ALLEMAGNE, PAYS DU NORD…)
… ET LES AUTRES
(GRÈCE, FRANCE…)

L'AFFRONTEMENT EST ÂPRE ET LES RÉUNIONS INFRUCTUEUSES S'ENCHAÎNENT PENDANT QUE LES GRECS DESCENDENT DANS LA RUE CONTRE L'AUSTÉRITÉ ET LE FMI.
MERRY CRISIS AND A HAPPY NEW FEAR
NO CONTROL
KILL THE RICH

C'EST L'IMPASSE. EN JUIN 2015, APRÈS L'ÉCHEC D'UNE ÉNIÈME RÉUNION SUR LA GRÈCE, CHRISTINE LAGARDE HAUSSE LE TON.
WE NEED ADULTS IN THE ROOM !
MAIS LA VOIX DU FMI EST DEVENUE INAUDIBLE À ATHÈNES, RAVAGÉ PAR L'AUSTÉRITÉ.
ΕΘΝΙΚΗ ΤΡΑΠΕΖΑ
NATIONAL BANK
ΟΧΙ
ΑΣΤΥΝΟΜΙΑ
POLICE
ΑΣΤΥΝΟΜ
POLICE

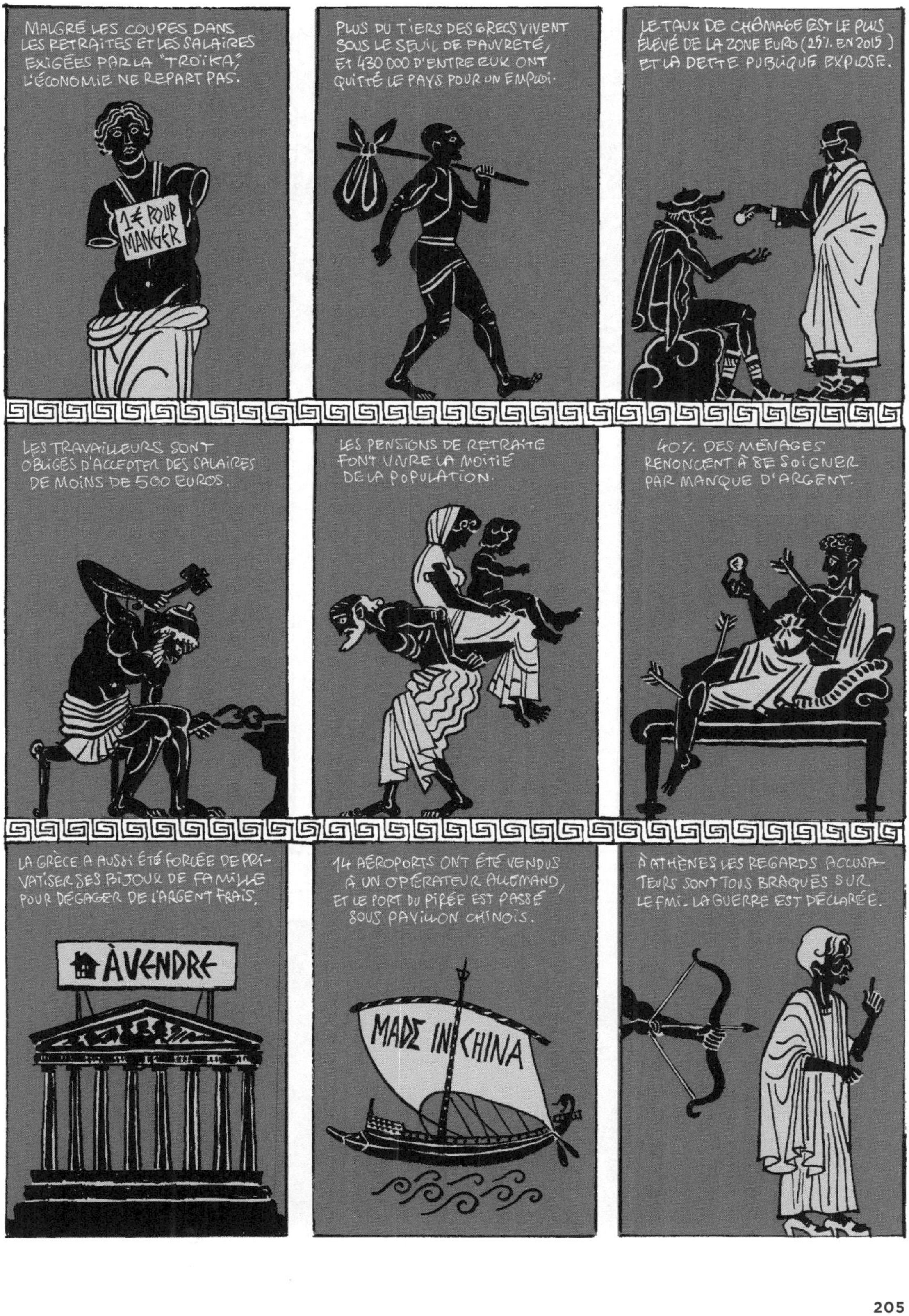
MALGRÉ LES COUPES DANS LES RETRAITES ET LES SALAIRES EXIGÉES PAR LA "TROÏKA", L'ÉCONOMIE NE REPART PAS.
1€ POUR MANGER
PLUS DU TIERS DES GRECS VIVENT SOUS LE SEUIL DE PAUVRETÉ, ET 430 000 D'ENTRE EUX ONT QUITTÉ LE PAYS POUR UN EMPLOI.
LE TAUX DE CHÔMAGE EST LE PLUS ÉLEVÉ DE LA ZONE EURO (25% EN 2015) ET LA DETTE PUBLIQUE EXPLOSE.
LES TRAVAILLEURS SONT OBLIGÉS D'ACCEPTER DES SALAIRES DE MOINS DE 500 EUROS.
LES PENSIONS DE RETRAITE FONT VIVRE LA MOITIÉ DE LA POPULATION.
40% DES MÉNAGES RENONCENT À SE SOIGNER PAR MANQUE D'ARGENT.
LA GRÈCE A AUSSI ÉTÉ FORCÉE DE PRIVATISER SES BIJOUX DE FAMILLE POUR DÉGAGER DE L'ARGENT FRAIS.
À VENDRE
14 AÉROPORTS ONT ÉTÉ VENDUS À UN OPÉRATEUR ALLEMAND, ET LE PORT DU PIRÉE EST PASSÉ SOUS PAVILLON CHINOIS.
MADE IN CHINA
À ATHÈNES LES REGARDS ACCUSATEURS SONT TOUS BRAQUÉS SUR LE FMI. LA GUERRE EST DÉCLARÉE.

* Des arriérés soldés en septembre 2016.

PARMI EUX, UN HOMME SE DISTINGUE : LE DANOIS POUL THOMSEN, INCARNATION DE L'INTRANSIGEANCE DU FMI, A UN COMPTE PERSONNEL À RÉGLER AVEC LA GRÈCE.
HONNI À ATHÈNES, L'ANCIEN REPRÉSENTANT DU FONDS EN GRÈCE DEVAIT PARFOIS S'ENTOURER DE GARDES DU CORPS.
CERTAINS AU FMI LE VOIENT COMME "UN CHIEN FOU" INSENSIBLE AUX MALHEURS DES GRECS. FIN 2014, CHRISTINE LAGARDE LE NOMME POURTANT AU POSTE STRATÉGIQUE DE CHEF DU DÉPARTEMENT EUROPE.
IL SUPERVISE ALORS LE PROGRAMME GREC ET AGITE, EN COULISSES, LA CRAINTE D'UN "GREXIT" POUR IMPOSER SES VUES ET POUSSER ATHÈNES ET BRUXELLES AU COMPROMIS.
COMMENT VA-T-ON POUVOIR ARRIVER À UN ACCORD ?
DANS LE PASSÉ, IL N'Y A EU QU'UNE FOIS OÙ LA DÉCISION DE S'ENTENDRE A ÉTÉ PRISE... ET C'EST QUAND LES GRECS ALLAIENT SÉRIEUSEMENT MANQUER D'ARGENT ET ÊTRE EN DÉFAUT.
EN AVRIL 2016, CETTE CONVERSATION TÉLÉPHONIQUE PUBLIÉE PAR WIKILEAKS FAIT UN TOLLÉ À ATHÈNES.
OUTRÉ, LE GOUVERNEMENT TSIPRAS ACCUSE :
LE FMI VEUT DÉSTABILISER POLITIQUEMENT L'EUROPE.

SOUS LAGARDE, LE FMI FERA CERTES DE TIMIDES MEA CULPA SUR LA GRÈCE EN RECONNAISSANT AVOIR SOUS-ESTIMÉ LES RAVAGES DE L'AUSTÉRITÉ.
DÉSOLÉE.
UN AVEU TOUTEFOIS LOIN DE CONVAINCRE ATHÈNES.
QUELLE EST L'UTILITÉ D'AVOIR UN MEA CULPA SI LES DIRIGEANTS QUI ONT IMPOSÉ DES MESURES SI DÉSASTREUSES ET INHUMAINES RESTENT EN POSTE ET SONT MÊME PROMUS POUR LEUR INCOMPÉTENCE CRASSE?
... EN INTERNE, CETTE GESTION AURA AUSSI ÉTÉ CONTESTÉE.
LE FMI A PRIS DES RISQUES ÉNORMES AVEC LE PLAN D'AIDE À LA GRÈCE, CE N'EST RIEN MOINS QU'UNE TENTATIVE DE DIRIGER LE PAYS DE L'EXTÉRIEUR.
PAULO NOGUEIRA BATISTA, REPRÉSENTANT BRÉSILIEN AU FMI

UN AUTRE DOSSIER EMPOISONNE Mme LAGARDE ET PARASITE LA RÉHABILITATION DU FMI : "L'AFFAIRE TAPIE".
EN 2008, ALORS QU'ELLE EST MINISTRE DE L'ÉCONOMIE, C'EST ELLE QUI DÉCIDE DE RECOURIR À UNE JURIDICTION ARBITRALE PRIVÉE POUR SOLDER LE VIEUX LITIGE ENTRE L'HOMME D'AFFAIRES ET LE CRÉDIT LYONNAIS.
TAPIE N'AURA PAS À SE PLAINDRE DE CE CHOIX : L'ARBITRAGE LUI ACCORDE PLUS DE 400 MILLIONS D'EUROS, DONT 42 POUR PRÉJUDICE MORAL.
500
500 EURO
MAIS RAPIDEMENT, LA JUSTICE TIQUE ET, APRÈS DES ANNÉES, FINIT PAR CONCLURE À UNE VASTE FRAUDE.
À L'ÉTÉ 2011, QUELQUES SEMAINES SEULEMENT APRÈS SON ARRIVÉE AU FMI, Mme LAGARDE EST ELLE-MÊME VISÉE PAR UNE ENQUÊTE QUI RÉVEILLE AUSSITÔT LE SPECTRE D'UN NOUVEAU SCANDALE.
CETTE ENQUÊTE AFFAIBLIT LA POSITION DE Mme LAGARDE À LA TÊTE DU FMI.
- FRANÇOIS HOLLANDE -
LA FRANCE RISQUE UNE NOUVELLE HUMILIATION INTERNATIONALE.
- MARINE LE PEN -

CETTE AFFAIRE PARASITE ÉGALEMENT SON MESSAGE.
ALLEZ-VOUS DÉMISSIONNER ?
UNE RÉACTION À L'ENQUÊTE QUI VOUS VISE ?
UN MOT SUR BERNARD TAPIE ?
IL N'Y A RIEN DE NOUVEAU SOUS LE SOLEIL. MA CONVOCATION DEVANT LA JUSTICE NE CHANGE RIEN À MA DÉTERMINATION, À MA CONCENTRATION ET MON ENTHOUSIASME.
LE 19 DÉCEMBRE 2016, LE COUPERET TOMBE. L'EX-MINISTRE EST CONDAMNÉE POUR "NÉGLIGENCE", MAIS DISPENSÉE DE PEINE.
CE N'EST PAS LA DÉCISION QUE J'AURAIS PRÉFÉRÉE, MAIS, À UN MOMENT, IL FAUT SAVOIR TOURNER LA PAGE.
CHRISTINE LAGARDE S'EN SORT BIEN. UNE PEINE DE PRISON AURAIT ÉTÉ FATALE AU SECOND MANDAT QUI LUI AVAIT ÉTÉ CONFIÉ PAR LES ÉTATS EN JANVIER 2016, MALGRÉ SES ENNUIS JUDICIAIRES.
PRISON
ELLE PEUT DONC REPRENDRE SON BÂTON DE PÈLERIN TRANQUILLEMENT ET PORTER L'ÉVANGILE SELON LE FMI.
Aus-té-rité

MALGRÉ CES DÉBOIRES, L'OPÉRATION RELOOKING A-T-ELLE RÉUSSI ? EN HUIT ANS, CHRISTINE LAGARDE A FAIT SON NID PARMI LES GRANDS DU GLOBE...
...ET DÉPOUSSIÉRÉ LE FMI EN IMPOSANT L'IMAGE D'UNE DIRIGEANTE HUMAINE, POPULAIRE ET FÉMINISTE.
Newsweek
Forbes
TIME
THE 100 MOST POWERFUL WOMEN
VANITY FAIR
ET SI C'ÉTAIT ELLE ?
DANS SES DISCOURS OU FACE AUX CAMÉRAS, ELLE NE MANQUE JAMAIS UNE OCCASION DE DÉFENDRE LA CAUSE DES FEMMES :
RENFORCER LE RÔLE DES FEMMES EST UN IMPÉRATIF MONDIAL POUR TOUS CEUX QUI DÉFENDENT L'ÉQUITÉ ET LA DIVERSITÉ, MAIS AUSSI LA PRODUCTIVITÉ ET LA CROISSANCE *
* ARTICLE DE MARS 2015
ELLE QUI A BRISÉ PLUSIEURS PLAFONDS DE VERRE AURA TOUTEFOIS ATTENDU FIN 2018 POUR NOMMER UNE FEMME AU POSTE-CLÉ DE CHEFFE ÉCONOMISTE.
DZAiiiNG
BIENVENUE AU CLUB !

CHRISTINE LAGARDE A RÉUSSI L'EXPLOIT DE FAIRE REVENIR LE FMI SUR DES TERRES QUI LUI SONT HOSTILES.
FMI
L'ARGENTINE EN EST LE MEILLEUR EXEMPLE. DEPUIS 2006, LE PAYS AVAIT RÉDUIT AU STRICT MINIMUM SES RELATIONS AVEC LE FONDS ET APRÈS L'ÉPISODE DU "CARTON ROUGE" ET LE SOUVENIR TOUJOURS BRÛLANT DE LA FAILLITE DE 2001, PERSONNE N'AURAIT MISÉ UN PESO SUR UN DÉGEL.
BASTA BUITRES
* ASSEZ DE VAUTOURS !
ET POURTANT... L'ÉLECTION À LA PRÉSIDENTIELLE FIN 2015 DE MAURICIO MACRI, ANCIEN CHEF D'ENTREPRISE ET AMI DES MILIEUX D'AFFAIRES, VA TOUT CHANGER.
L'ARGENTINE EST DE RETOUR !!!
LE FMI LUI FAIT LES YEUX DOUX ET SALUE "DES AVANCÉES IMPORTANTES" À BUENOS AIRES. EN MARS 2018, LAGARDE S'Y REND POUR FÉLICITER MACRI.
SMACK
MERCI POUR LES RÉFORMES ENGAGÉES.
SMACK
DE NADA.
DEUX MOIS PLUS TARD, LE RÉCHAUFFEMENT EST ACTÉ : L'ARGENTINE EST FRAPPÉE PAR LA DÉPRÉCIATION DE SA MONNAIE ET APPELLE LE FMI AU SECOURS.
TOUT VA BIEN, CAR SELON UN MINISTRE DE MACRI :
NOUS PARLONS AVEC UN FMI TRÈS DIFFÉRENT DE CELUI QUE NOUS AVONS CONNU IL Y A VINGT ANS.

LE PLAN MASSIF DE PRÊTS CONÇU EN JUIN 2018 — 57 MILLIARDS DE DOLLARS SUR TROIS ANS — RAPPELLE TOUTEFOIS DE DOULOUREUX SOUVENIRS À LA POPULATION.
REPUBLICA ARGENTINA
NOUS AVONS DES MOIS DIFFICILES DEVANT NOUS.
RETRAITES ROGNÉES, HAUSSE DES PRIX DE L'ÉNERGIE ET DES MÉDICAMENTS : LE BUDGET D'AUSTÉRITÉ SOUTENU PAR LE FMI EST ADOPTÉ EN OCTOBRE 2018 MALGRÉ LA CONTESTATION DE LA RUE.
NON AU BUDGET DU FMI ! NE SUPPRIMEZ PAS NOTRE FUTUR !
MACRI+FMI=MISERIA
NO AL FMI
POUR CHRISTINE LAGARDE, C'EST UNE VICTOIRE ÉCRASANTE. SI LE FMI PEUT REVENIR DANS LES TERRES QUI LUI ÉTAIENT HOSTILES, IL PEUT REVENIR PARTOUT.
INTERNATIONAL MONETARY FUND
LE "DIABLE" A PEUT-ÊTRE CHANGÉ DE LOOK, MAIS IL LOGE TOUJOURS À LA MÊME ADRESSE.
MADAME MANAGING DIRECTOR, ELLE, A MIS LE CAP SUR LA BANQUE CENTRALE EUROPÉENNE. POUR UNE NOUVELLE OPÉRATION RELOOKING ?

PRÊTEUR SUR GAGES

Le Fonds monétaire international prête chaque année des milliards aux pays en difficulté. Comment rassemble-t-il ces sommes ? D'où proviennent ses ressources ? Au FMI plus qu'ailleurs l'argent fait le pouvoir : au volume des contributions correspond le poids de chaque pays au sein de l'institution.

CHACUN SA PART

Chaque pays membre se voit attribuer une quote-part selon sa position dans l'économie mondiale. Après la crise de 2008, le volume global a quasiment doublé, accroissant notamment le poids des petits pays.

668 MILLIARDS DE DOLLARS

C'est la somme des ressources permanentes du FMI, qui provient des contributions des 189 États membres.

POIDS LOURDS ET POIDS PLUMES

Les quotes-parts déterminent le nombre de voix attribuées aux États mais aussi le montant de l'aide que le FMI peut apporter à chacun. En 2016, les ressources mises à disposition du FMI par la France s'élevaient à 77 milliards d'euros.

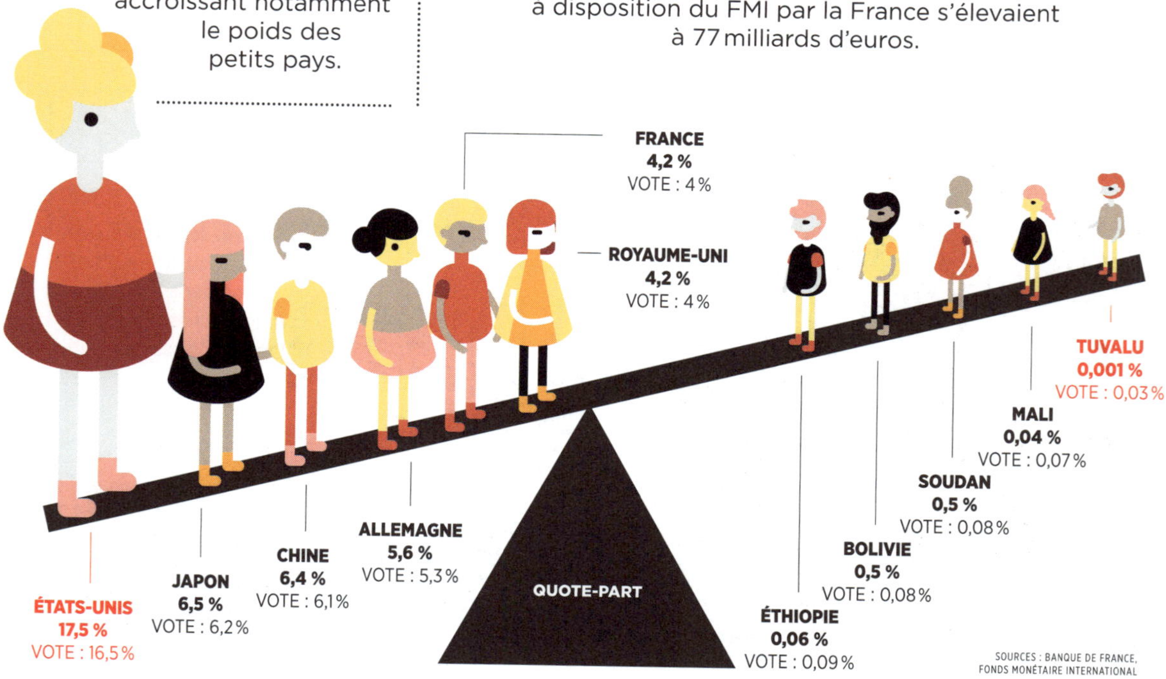

SOURCES : BANQUE DE FRANCE, FONDS MONÉTAIRE INTERNATIONAL

DE L'OR EN BARRE

Le FMI possède environ 2814 tonnes d'avoirs en or, ce qui en fait l'un des plus gros détenteurs officiels d'or au monde. Mais les statuts de l'institution imposent des limites très strictes quant à son utilisation.

QUI DÉCIDE ?

Le conseil d'administration est l'organe principal de décision. Les plus gros contributeurs disposent d'un siège individuel alors que les autres pays sont représentés au sein de groupements d'États.

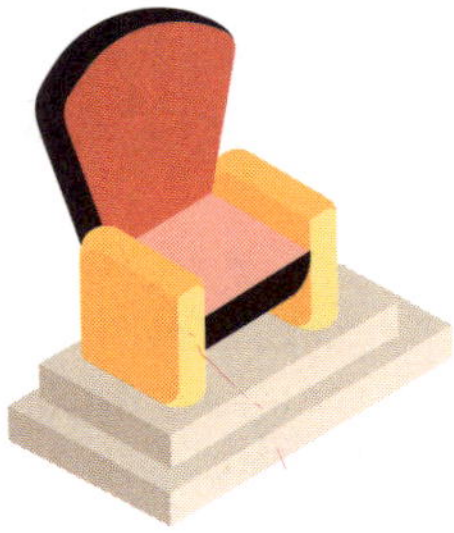

85 %

C'est la majorité qualifiée. Elle donne un droit de veto aux États-Unis.

QUARTIER GÉNÉRAL

La règle veut que le FMI siège dans l'État membre qui a le plus de voix : les États-Unis (16,5 %).

LES BONS PLACEMENTS DU FONDS

La majorité des plans d'aide sont rémunérés. Plus le FMI prête, plus ça lui rapporte.

DESSINS : DORIANE TCHEKHOVITCH

© BRENDAN SMIALOWSKI/ AFP

Christine Lagarde, en compagnie de dirigeants de pays membres du G20 en juin 2019.

MAKING-OF

« Conférences de presse, discours officiels, sessions off-the-record : pendant cinq ans, j'ai scruté les moindres déclarations de Christine Lagarde. Partout, la même faconde, le même sens de la repartie et un même mystère : qui est l'ancienne patronne du FMI ? En entretien aussi, la dirigeante sait brouiller les pistes, elle s'étonne de la couleur de mes lacets avant de deviser sur l'économie mondiale. Dans les hautes cimes du pouvoir, l'insondabilité est un bien aussi précieux que l'oxygène. » Jérémy Tordjman

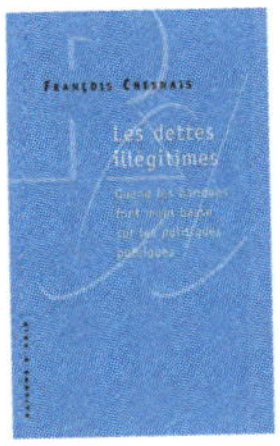

À LIRE

Les Dettes illégitimes. Quand les banques font main basse sur les politiques publiques, de François Chesnais. Et si le FMI tirait sa puissance de la dette ? Éd. Raisons d'agir. (2011)

À VOIR

Jamaïque/FMI : mourir à crédit, de William Karel. Ce riche documentaire dénonce les effets sociaux des interventions du FMI sur les pays en voie de développement. 1 h 24 (1994)

La sémantique, c'est élastique

Néologisme. Grossophobie, rétrofuturisme, déradicaliser : ces mots n'ont en commun que d'avoir fait, il y a peu, leur entrée dans le dictionnaire. Urticants pour certains puristes, ils rendent la langue vivante pour notre sémanticien.

James

Dites donc, c'est vous qui apprenez à ces enfants à parler ainsi ? Quel vocabulaire atroce !
Alors, d'un, ils apprennent très bien tout seuls. Et de deux, de quoi je me mêle ?
Je n'en peux plus d'entendre notre belle et ancestrale langue maltraitée de la sorte !
On ne comprend même plus ce qu'ils disent !
Malaisant, vous ne voyez pas ?
Et la gênance ?
Vade retro charabia !
Ce sont des néologismes. De mots créés pour répondre à un manque.
Par exemple, "malaisant" signifie quelque chose "qui provoque un malaise" chez son locuteur.
Il n'y avait pas de terme dans la langue pour évoquer cette périphrase.
Dans ce cas, le néologisme est tout à fait justifié. Le terme correspond à un besoin.

D'ailleurs, il est entré officiellement dans le dictionnaire Le Robert dans son édition 2019.
Oh, vous savez, j'ai épousé un Robert. Je ne m'y fierais pas trop, hein.
Cela dit, "gênance" n'est pas un néologisme nécessaire, puisque le terme "gêne" existe déjà et décrit la même chose.
Donc, toi, à l'avenir, si tu pouvais éviter d'en abuser...
Pfff... la déprimance...
L'urticance, oui !
L'insupportance !
"Néologisme", c'est comme quasiment tout, ça vient du grec, non ?
On pourrait le croire, oui, mais non.
"Néologisme" vient de néologie.
Composé de "néo", pour nouveau et de "logie", du grec "logos"...
... qui signifie, entre autres, la parole, la langue, le mot prononcé.
Euh, en tant que podologue, vous faites parler les pieds ?
"Logie" veut aussi dire "savoir", hein.
En revanche, le terme "néologie" n'est pas hérité directement du grec, puisqu'il n'existait pas alors. C'est un confixe.
Un mot qui prête aux jeux de mots ?

Un confixe est un mot créé selon les règles de formation de mots grecs, sans en être un emprunt direct.
PRÉFIXE (Optionnel)
RADICAL
SUFFIXE (Optionnel)
néo
logie
Une sorte de bricolage étymologique pour donner un vernis de sérieux au nouveau concept.
Han ! C'est un fake !
Mais, alors, "néologisme" est un néologisme !
À sa création, tout à fait.
Le terme est apparu, visiblement la première fois, en 1735.
Soyons fous. Créons un nouveau mot pour désigner la création de nouveaux mots !
Dérivé, comme je le disais plus tôt, de "néologie", qui est apparu à la même époque.
Soyons encore plus fous. Créons deux mots pour ça !
L'ajout du suffixe -isme avait pour but de bien séparer la néologie, art savant de créer de nouveaux mots…
Je propose le schisme du -isme…
… de la pratique vulgaire de la néologie dans le langage quotidien notamment.
… pour que notre art ne soit pas souillé par les gueux.
Extrait du "Journal de la langue françoise", 1784.
"La néologie est l'art de former des mots nouveaux pour des idées ou nouvelles ou mal rendues.
Le néologisme est la manière d'employer des mots nouveaux sans besoin ou sans goût."
Et pan, dans les dents, les ploucs !

En 1791, ils iront encore plus loin dans ce journal, pour renforcer le caractère péjoratif des néologismes.
La néologie est aux idiomes ce que la morale est aux mœurs ; elle les fonde et les règle. Le néologisme est à un écrit ce que le vice est au cœur, il le souille.
Haha, ça va en calmer plus d'un.
Ah, OK. Toujours ce mépris du peuple…
C'est vieux comme le monde.
Les "sachants" et les "subissants", comme le dit si élégamment notre monarque temporaire élu.
Néomonde…
Néolibéralisme…
Néologie…
Néosuffisance…
Je suis hyper néo, en fait.
Pour le grammairien et académicien Nicolas Beauzée, en 1782, le néologisme peut être considéré comme "une figure opposée à l'archaïsme".
L'archaïsme est une imitation de la manière de parler des Anciens. On en revivifie quelques termes qui ne sont plus usités.
En fin de compte, l'histoire d'une langue n'est que l'histoire de sa néologie, non ?
Oui, les néologismes, c'est la vie. À sa création déjà, une langue n'est que néologie.
Et ceux qui réfutent les néologismes ne sont que des antiquaires de la langue, finalement.
Vous les faites à combien, vos formules archaïques, pour être bien pédant ?
ACADÉM

Ça explique aussi la poussière qui se dépose sur leurs idées.
Attendez ! "Malaisant" n'est pas un néologisme !
C'est un archaïsme, en fait.
J'ai trouvé ça en deux minutes sur le Net. C'est juste le participe présent du verbe "malaiser".
"Malaiser" était un verbe du moyen français du XVIe siècle. Un néologisme de l'époque, donc.
Désolé, vieux. Je suis malaisé en bateau.
Il est utilisé aujourd'hui au Québec, sans doute parce que les Français qui l'ont colonisé l'employaient à l'époque.
Ben, c'est malaisant pour les autres, hein.
On pourrait appeler ça un néoarchaïsme, alors.
Un peu comme ta trottinette électrique, là.
Un vieux truc remis au goût du jour avec son petit moteur.
Dans cinq ans, c'est has been.
Alors que nos skates tradis auront éternellement la classe.
C'est pas déjà has been de dire "has been" ?
James

AUTEURS

SERGIO AQUINDO
● COUVERTURE

Artiste et auteur argentin, installé à Paris depuis 2001. Dessine entre autres dans *Le Monde*. Son dernier livre : *Cendres des hommes et des bulletins* (éd. Le Tripode).

sergioaquindo

AURORE PETIT
● AU PIED DE LA LETTRE - P. 6

Diplômée des Arts déco de Strasbourg, elle a publié une vingtaine de livres illustrés, chez Les Fourmis rouges et Actes Sud Junior.

aurorepetit.com

TAINA TERVONEN
▼ NIGER - P. 8

Elle raconte des histoires de migration, de famille et de mémoire, en livres, en bandes dessinées. Dernier ouvrage : *Au pays des disparus* (éd. Fayard).

JEFF POURQUIÉ
▼ NIGER - P. 8

La mécanique en patchwork de la BD, ce processus où l'on se perd pour mieux se retrouver, lui plaît bien. Il aime y prendre des chemins de traverse et dériver. D'où son intérêt pour les migrations, les Roms...

jeff-pourquie.tumblr.com

ARNAUD LE GOUËFFLEC
◆ MUSIQUE - P. 42

Écrit des romans, des chansons et des scénarios de BD, comme celui de *Lino Ventura et l'œil de verre*, dessiné par Stéphane Oiry, qui vient de sortir aux éditions Glénat. Aime le rock bizarre.

arnaudlegouefflec.com

NICOLAS MOOG
◆ MUSIQUE - P. 42

Auteur de bandes dessinées. Les dernières : *Qu'importe la mitraille* (éd. 6 pieds sous terre) et *En roue libre* (éd. Casterman).

WOUZIT
◆ SPORT - P. 50

Auteur de BD et illustrateur autodidacte, il officie à Toulouse. Trentenaire passionné par le cinéma, l'art romantique et l'histoire.

PHILIPPE PUJOL
▼ MARSEILLE - P. 56

Il se croyait « rédacteur, 2e échelon » au smic à *La Marseillaise* et s'est retrouvé propulsé Prix Albert Londres 2014. Il a, entre autres, publié *La Fabrique du Monstre* (éd. Les Arènes).

YVAN ALAGBÉ
▼ MARSEILLE - P. 56

Né à Paris en 1971, auteur et éditeur depuis plus d'un quart de siècle.

fremok.org

JEAN-CHRISTOPHE MAZURIE
◆ DROIT - P. 84

Commence à écrire et dessiner des histoires pour la jeunesse tardivement et des bandes dessinées encore plus tardivement.
Dernier livre *Ni vu ni lu* chez Delcourt.

jcmazurie.wordpress.com

CAMILLE DROUET
◆ PHOTO - P. 92

Ch'timi à l'allure andalouse, abonnée au Lille-Paris, traductrice devenue journaliste, elle a usé les claviers de *Courrier international*.

AMÉLIE FONTAINE
◆ PHOTO - P. 92

Illustratrice d'albums jeunesse chez Hélium et Actes Sud, elle dessine également pour la presse (*Milk*, *Omnivore*, *Dong ! la revue...*).

MARIE PRAGOUT
▼ EMMAÜS - P. 94

Enfant, elle voulait être interprète. Elle a atterri à Paris, à traduire de la langue de bois. Alors elle a migré vers la presse écrite. Puis vers la Charente. Finalement, l'ailleurs est ici.

DESSINS : HERVÉ BOURHIS

HÉLENE ALDEGUER
▼EMMAÜS - P. 94
Autrice de BD et illustratrice. Elle travaille sur la Tunisie, la Palestine et les questions décoloniales autour de la Méditerranée.
heleneal deguer.com

MARTIN UNTERSINGER
◆RETOUR SUR - P. 134
Les mains sur un clavier d'ordinateur depuis la fin des années 1990, journaliste depuis un peu moins longtemps, il est passionné de technologie et travaille au *Monde*.

NICOBY
◆RETOUR SUR - P. 134
Dessinateur tout-terrain, Nicoby passe du comique à l'autobiographie ou à la chronique sociale, s'intéressant autant aux Gaulois qu'aux réseaux sociaux...

CÉCILE CAZENAVE
◆ÉCOLOGIE - P. 144
Journaliste environnement, elle a fait partie de l'aventure Terra eco. Membre du Terrier, un collectif de créatifs bellevillois.

MATHIEU BURNIAT
◆ÉCOLOGIE - P. 144
Belge, il est mordu de gastronomie, d'arts et de science : des thèmes qu'on retrouve dans *La Passion de Dodin-Bouffant*, *Le Mystère du monde quantique* ou *Trap*, chez Dargaud.

WE REPORT
▼ÉGLISE - P. 150
Daphné Gastaldi, Mathieu Martiniere et Mathieu Périsse sont membres de ce collectif qui réalise des enquêtes long-format. Ensemble, ils ont écrit *Église, la mécanique du silence* (éd. JC Lattès).

FABIEN TOULMÉ
▼ÉGLISE - P. 150
Commence à se consacrer à la BD en 2009 après dix ans d'ingénierie. Il est l'auteur, notamment, de *Ce n'est pas toi que j'attendais* et de *L'Odyssée d'Hakim* (éd. Delcourt).

HUGUES MICOL
◆CINÉMA - P. 174
Né à Paris en 1969. Il est attiré très tôt par le dessin et fait ses premiers pas dans la bande dessinée à l'âge où d'autres jouent aux billes. Influencé par Jean Giraud, Pratt, Munoz...

PIERRE-ANTOINE SOUCHARD
◆LIEU DE POUVOIR - P. 180
Journaliste depuis presque trente ans, il a longtemps été rubriquard judiciaire d'Associated Press à Paris. Aujourd'hui, il manie la plume et l'image.

VINCENT MAHÉ
◆LIEU DE POUVOIR - P. 180
Illustrateur, auteur de *750 ans à Paris* (éd. Actes Sud Junior). Ses dessins sont visibles dans le *New Yorker*, la revue *XXI*...

JÉRÉMY TORDJMAN
▼FMI - P. 184
Journaliste à l'AFP depuis 2005, après avoir fait ses armes à *Libération*, *Le Monde* et France Culture. Il est chef adjoint du service des informations générales de l'AFP à Paris.

ERWANN TERRIER
▼FMI - P. 184
Intermittent de la bande dessinée. Dessinateur d'actu pour l'émission *28 minutes* sur Arte. Illustrateur du passé pour la revue *Schnock*.
erwannterrier

JAMES
◆LANGUAGE - P. 216
Âge : trop. Poids : secret. Yeux : presbyte. Cheveux : de plus en plus épars. Arrivé sur le tard à la bande dessinée, il publie beaucoup depuis pour compenser.

CÉCILE GUILLARD
EXLIBRIS ET ABONNEMENT
Marseillaise formée à Estienne et aux Gobelins, elle rêve de concilier ses passions pour le dessin et les grands espaces.
cecileguillard.tumblr.com

numéro 25

septembre, octobre, novembre 2019

Date de parution
4 septembre 2019

Directeur de la publication
Franck Bourgeron

Directeur de la rédaction
Sylvain Ricard

Rédactrice en chef
Amélie Mougey

Conception graphique
Elhadi Yazi

Direction artistique
Cat Gabillon

Maquette graphique
Léa Larrieu

Édition
Camille Drouet et **Amélie Mougey**

Correction
Anne-Sophie Arnould, **Guillaume Goutte** et **Richard Herlin**

Responsable communication
Anne Vacca

Chargée des abonnements
Vanessa Schmierer

Responsable événementiel
Agnès Arnaut

Responsable administrative
Murielle Canta

Ont collaboré à ce numéro:
Amélie Graux, Line Hachem, Vincent Sorel, Doriane Tchekhovitch (en savoir +), Hervé Bourhis (contributeurs), Laurence Fredet (édition), Cécily de Villepoix (couleurs), Maëlle Reat (stagiaire)

contact@larevuedessinee.fr
larevuedessinee.fr

La Revue Dessinée est éditée par LRD SAS, SAS au capital de 4668 €

Rédaction:
15, rue de la Fontaine-au-Roi, 75011 Paris
01 58 30 52 05 (abo et rédaction)

Fondateurs actionnaires:
Franck Bourgeron (président), Sylvain Ricard (directeur général) et David Servenay

Actionnaires: F&S, Jean-Hubert Gallouet, Patrick Goux, Nicolas Gouju, Arnaud Bertin et Emmanuel Hurault

Impression et façonnage:
STIGE s.p.a. Via Pescarito, 110, 10099 San Mauro (TO), Italie
Fabrication: CPE conseil
Photogravure: Apex Graphic
Diffusion: Delsol
Distribution: Hachette
Commission paritaire: 0919 D 91934
ISSN: 0753-3454
ISBN: 979-10-92530-79-7
Hachette: 4577834
Dépôt légal: Septembre 2019

PEFC
Papiers 100 % PEFC
Papier intérieur : Allemagne
Papier couverture : Italie

LA REVUE DESSINÉE CONTIENT UN ENCART ABONNEMENT ET UN EX-LIBRIS (TIRAGE ABONNÉS) SIGNÉS CÉCILE GUILLARD.

Des bretelles, un chapeau, un vélo, des cheveux en bataille, un regard bleu espiègle qu'il cachait derrière de petits lorgnons lorsqu'il se mettait à la tâche. Depuis notre deuxième numéro, Richard Herlin chassait les fautes de *La Revue Dessinée*. De son timbre de voix tout doux, il pointait nos petites incohérences et nos grosses erreurs, nos pléonasmes et nos anacoluthes. Pendant six ans, il a ponctué nos planches de leurs virgules manquantes, lui valant le joli surnom de « Virgule ».

Natif du Nord, ancien bibliothécaire de l'École supérieure de journalisme de Lille, Richard était un puits de science et surtout un mec simple, élégant, drôle, cultivé, bienveillant. L'équipe de *La Revue Dessinée* a le cœur très gros en apprenant sa mort (il aurait peu goûté le mot « décès », *« bien trop administratif »*), survenue au matin du 10 juillet 2019, alors que nous bouclions ce numéro que nous lui dédions.

Correcteur au *Monde*, auteur et formateur de toute une génération de correctrices et correcteurs, cet *« ouvrier de la langue »*, comme il aimait à se définir, avait la capacité de désacraliser ce que des années de dictées et d'exceptions grammaticales avaient rendu intimidant voire rébarbatif. De la féminisation des noms de métiers à l'accord de proximité, il défendait une vision engagée et toujours en mouvement du français et de son orthographe.

Amoureux des belles lettres et des bons mots, pro de la syntaxe, il a œuvré discrètement à rendre notre langue plus englobante, plus inclusive.
Et simplement plus vivante.
Il va beaucoup nous manquer.

DESSIN : LINE HACHEM